CULTURA DE MASAS (SERIALIZADA):
ANÁLISIS SIMBÓLICO DE LA FICCIÓN

CULTURA DE MASAS (SERIALIZADA):
ANÁLISIS SIMBÓLICO DE LA FICCIÓN

CULTURA DE MASAS (SERIALIZADA): ANÁLISIS SIMBÓLICO DE LA FICCIÓN

Coordinadora

Mayte Donstrup

Autores
(por orden de aparición)

Luis Iván Gómez Valdez
Inmaculada Mármol Martín
Mayte Donstrup
Sara Rebollo-Bueno
Javier Calvo
Héctor Oliva Cantín
Elena Capapé Poves
Jordi Montañana Velilla
María Romero Calmache

EGREGIUS
ediciones

CULTURA DE MASAS (SERIALIZADA): ANÁLISIS SIMBÓLICO DE LA FICCIÓN

Edita: Egregius Ediciones

www.egregius.es

Diseño de cubierta e interior: Francisco Anaya Benitez

© Los autores

1ª Edición. 2018

ISBN 978-84-17270-75-9

Colección:
Comunicación y Pensamiento

Los fenómenos de la comunicación invaden todos los aspectos de la vida cotidiana, el acontecer contemporáneo es imposible de comprender sin la perspectiva de la comunicación, desde su más diversos ámbitos. En esta colección se reúnen trabajos académicos de distintas disciplinas y materias científicas que tienen como elemento común la comunicación y el pensamiento, pensar la comunicación, reflexionar para comprender el mundo actual y elaborar propuestas que repercutan en el desarrollo social y democrático de nuestras sociedades.

La colección reúne una gran cantidad de trabajos procedentes de muy distintas partes del planeta, un esfuerzo conjunto de profesores investigadores de universidades e instituciones de reconocido prestigio. Todo esto es posible gracias a la labor y al compromiso de los coordinadores de cada uno de los monográficos que conforman este acervo.

Editora científica
Rosalba Mancinas-Chávez

Editor técnico
Francisco Anaya Benítez

Consejo editorial

Ramón Reig (*Universidad de Sevilla*)
José Ignacio Aguaded Gómez (*Universidad de Huelva, España*)
Ma. del Mar Ramírez Alvarado (*Universidad de Sevilla, España*)
Augusto David Beltrán Poot (*Universidad Autónoma de Yucatán, México*)
Rafael Marfil Carmona (*Universidad de Granada*)
Amor Pérez Rodríguez (*Universidad de Huelva*)
Carmen Marta-Lazo (*Universidad de Zaragoza*)
Gloria Olivia Rodríguez Garay (*Universidad Autónoma de Ciudad Juárez, México*)
Mª. Ángeles Martínez (*Universidad de Sevilla, España*)
Marta Pulido (*Universidad de Sevilla, España*)
Martha Elena Cuevas Gómez (*Universidad Juárez Autónoma de Tabasco, México*)
Martha Patricia Álvarez Chávez (*Universidad Autónoma de Ciudad Juárez, México*)

Edita:

EGREGIUS
ediciones

ÍNDICE

UNA INTRODUCCIÓN AL
UNIVERSO SIMBÓLICO DE LA FICCIÓN

Mayte Donstrup

> Toda producción discursiva (toda producción humana significativa) solo puede existir y ser resultado de un determinado contexto sociohistórico, y ello también aparece reflejado en el discurso de la cultura de masas (Huici, 2018: 23).

Los productos de la cultura de masas siempre han generado un amplio debate respecto a las imágenes que producen y a las posibles consecuencias que puedan generar en la sociedad, pues, entendiéndolos como agentes socializadores, estos productos culturales pueden contribuir a la generación de una identidad colectiva (Imbert, 2008). Porque la ficción evoca una realidad, una simulación, sí, pero que entra en el debate comunitario, reflejando las tensiones sociales existentes y las transformaciones que puedan estar surgiendo en torno a la comunidad. Por ello, entendiendo el importante papel que representan en la sociedad, este libro parte con el propósito de comprender los símbolos y los discursos que emite la cultura de masas, partiendo de la base que esta es

> Un lugar, pues, donde se proyecta el imaginario colectivo: esto es, un depósito de representaciones, reflejo del inconsciente social, donde vienen a parar los pequeños miedos y los grandes pánicos, los deseos secretos, los sueños más etéreos y una cierta dosis de pulsiones inconfesables y que recoge todas las tensiones sociales (2008: 38).

De esta manera, los productos de la cultura de masas actúan como un elemento de identificación primaria, permitiendo al espectador reflejarse en ellos y fantasear sobre su propia posición en el mundo (2008: 38). Por consiguiente, desde una perspectiva amplia y bajo esta premisa, en este volumen se abarcará el cómic, el cine o la televisión, siendo esta última en la que se centre una mayor atención; un énfasis que se debe al papel estrella que esta juega en el panorama mediático actual. Así, de acuerdo con Buonanno, la podemos catalogar como uno de los actores principales encargados de la construcción del imaginario social (1999: 54). En concreto, la socióloga se centra en el estudio de las series de televisión, otorgando a estas una función de configuración y de entendimiento de la sociedad que expresan; unas ficciones seriadas que serán de los principales temas de estudio de la presente obra, pues estas, enmarcadas en la actualidad en la tercera edad dorada de la televisión, se han configurado como un producto cultural con amplias posibilidades de análisis.

Por otra parte, no se debe olvidar que, a su vez, las ficciones se retroalimentan igualmente de la conciencia colectiva, reflejando las inquietudes sociales y sus posibles contradicciones. Un argumento que no se olvidará en la presente obra, estando en concordancia con los análisis de otros autores, como Balló y Pérez (2007), que ejemplifican con algunas de las últimas producciones estadounidenses la representación de una sociedad destruida moralmente:

> El secreto de las mejores series que ocupan la atención contemporánea está en el impulso casi autodestructivo hacia la expresión sincera de un imaginario ético y social de tonos negrísimos, con una conciencia crítica que está excluida del sistema propagandístico. Pues es, sin lugar a dudas, en la mejor ficción televisiva, donde el espectador de nuestros tiempos reconoce lo peor de sí mismo (2007: 32).

De este modo, las series de televisión pueden crear multitud de discursos, algunos de tonos oscuros con una perpectiva crítica de la sociedad reflejada, y los discursos, afirma Jager (2003), son agentes creadores de conciencia a través de los cuales fluyen conocimientos –símbolos colectivos– que se insertan e interactúan en la sociedad, portando significados y representando una realidad para los interpretantes. De ello se infiere el interés del estudio de estos productos mediáticos.

Con este planteamiento en mente, a quienes participamos en este libro nos interesa analizar, desde diversas perspectivas, los diferentes discursos que emite la cultura de masas; y con este objetivo, se han dividido los contenidos en ocho capítulos que estructuran el presente volumen. El primero de ellos, firmado por Luis Iván Gómez Valdez, examina la serie de animación *Rick and Morty* (Netflix, 2013-) con "El discurso filosófico del personaje Rick Sánchez en la serie Rick and Morty", siendo este "un programa que trata temas filosóficos complicados, en el sentido en el que nos obliga a los espectadores a preguntarnos sobre temas existenciales que pueden causar temor: cuestionarnos la realidad en la que vivimos y las creencias a las que estamos subordinados" (p. 20). A continuación, bajo un prisma religioso se adentra Inmaculada Mármol Martín en el wéstern de ciencia ficción *Westworld* (HBO, 2016-): "una de las grandes apuestas de la productora HBO, con audiencias de hasta 12 millones de espectadores [que] no es sólo la adaptación de la película homónima escrita y dirigida por Michael Crich [pues] toma las claves de esta como punto de partida para crear todo un universo en el que, tras cada historia, y cada referencia, se esconden cuestiones que pretenden despertar la capacidad reflexiva del espectador" (p. 25).

Figura 1: imágenes promocionales Rick and Morty y Westworld

El tercer capítulo, por su parte, enmarca el análisis en el contexto posmoderno en la distopía *Black Mirror* (Netflix, 2012-) con "En el precipicio del posmodernismo: caída en picado en Black Mirror", donde Mayte Donstrup relaciona el primer episodio de la tercera temporada, *Nosedive*, con los conceptos acuñados por Bauman y Lipovetsky. Seguidamente, Sara Rebollo-Bueno introduce la investigación en las series españolas con *Vis a Vis* (Antena 3, 2015-) y *La Casa de Papel* (Netflix, 2017-) a través de un cuestionamiento del papel contrahegemónico que, *a priori*, ejercen estas producciones. En el mismo contexto español se sitúa Javier Calvo con "Paquita Salas y la estética homosexual: expresión discursiva, expresión disruptiva": una "oposición entre comedia y drama, no tanto como ejercicio de género audiovisual [...] sino como verdad existencial del personaje principal" (p. 71).

Figura 2: imágenes promocionales *Black Mirror*, *Vis a Vis* y *Paquita Salas*

Héctor Oliva Cantín y Elena Capapé Poves se encargan de la autoría del quinto capítulo, "La construcción del universo de Marvel en Netflix", iniciando con él la rama del cómic y su fusión en la plataforma digital estadounidense, explorando las características y las consecuencias que surgen de esta unión entre el cómic y las series de televisión; una traslación que ya se había producido anteriormente en el cine. Así, con el cometido de analizar esas particularidades, Jordi Montañana Velilla firma "Traslaciones del cómic a la pantalla de cine: Frank Miller y el cine de Batman", donde estudia "la relación que guarda la evolución del superhéroe en las novelas gráficas del Caballero Oscuro" analizando "la influencia del estilo de Frank Miller a través de las novelas gráficas *Batman: The Dark Knight Retuns (1986)* y *Batman: Year One (1988)*" (p. 106). Por último, el octavo capítulo de este ejemplar, firmado por María Romero Calmache, Héctor Oliva Cantín y Elena Capapé Poves, estudia el entretenimiento como posibilidad para ser utilizado como soporte de los movimientos sociales, específicamente aquellos espacios televisivos que abogan por la erradicación de la tauromaquia, con "El movimiento antitaurino en el infoentretenimiento televisivo español".

Figura 3: imágenes promocionales *Marvel-Netflix*, *Batman* y *El Intermedio*

Referencias bibliográficas

Balló, J. y Pérez, X. (2007). Introducción: el círculo infernal. En C. Cascajosa Virino (Ed.), La caja lista: televisión norteamericana de culto (pp.27-34). Barcelona: Laertes.

Buonanno, M. (1999). El drama televisivo. Identidad y contenidos sociales. Barcelona: Gedisa.

Huici, A. (2018). Ideología y propaganda en la cultura de masas. En A. Pineda, J.D. Fernández Gómez y A. Huici (Coords.), Ideologías políticas en la cultura de masas (pp. 21-52). Madrid: Tecnos.

Imbert, G. (2008). El transformismo televisivo. Postelevisión e imaginarios sociales. Madrid: Cátedra.

Jager, S. (2003). Discurso y conocimiento: aspectos teóricos y metodológicos de la crítica del discurso y el análisis de dispositivos. En R. Wodak y M. Meyer (Comps.), Métodos de análisis crítico del discurso (pp. 61-100). Barcelona: Gedisa.

CAPÍTULO I

EL DISCURSO FILOSÓFICO DEL PERSONAJE DE RICK SÁNCHEZ DE LA SERIE RICK AND MORTY

Dr. Luis Iván Gómez Valdez

1.La voluntad, la cosa en sí y la satisfacción de Rick Sánchez

La filosofía de Schopenhauer, uno de los pensadores más sobresalientes de todos los tiempos, ha sido tomada por muchos autores de los siglos XIX y XX como base para su obra. Muchos de ellos asumieron la idea de su pesimismo como un leitmotiv o punto de partida de sus historias y teorías, respectivamente. Empero, Schopenhauer hablaba del significado de la vida desde el uso de la palabra "valor"; el mismo que contiene una condición material y no se percibe como un ente metafísico o un diseño supranatural.

En lo que respecta a la "Voluntad", es imprescindible señalar el concepto en su filosofía y su relación con el dolor de vivir. Aunque la empresa de Schopenhauer, al tratar de explicar este dolor desde el lenguaje abstracto, representaba un inmenso desafío, lo que intentaba hacer era:

> ...decir con los recursos del concepto aquello que, propiamente, no se puede decir con los recursos del concepto. Quiere decir lo indecible. Quiere decir mediante el lenguaje lo que no se puede decir mediante el lenguaje. Quiere decir el mundo como Voluntad con el mundo como representación. (Spierling, 1989: 56).

Así pues, su objetivo era el llamar las conciencias de los individuos y perturbar su existencia; claro está, desde una posición distante que le permita entenderla tal y como es, aunque esto represente una imposibilidad. Schopenhauer quería transmitir el sentimiento del dolor desde el concepto: la idea de que el ser es material, un organismo biológico, es su punto de partida. Para todo organismo, la existencia implica una lucha por lograr un fin determinado, dirigirse permanentemente a una dirección: la perpetuación de la vida gracias a la descendencia, grosso modo. Por tanto, todo proceso intelectual y biológico está supeditado a este fin. La Voluntad es una manifestación ciega, es decir, sin consciencia o mentalidad de ninguna clase (Janaway, 1999: 49).

En palabras de Kant, la Voluntad es la "cosa en sí misma", esa idea que se percibe tal y como es, sin que nuestra razón la transforme en lo que nosotros queremos que sea. Lo racional no es lo que consideramos real, sino que es nuestro modo de acceder a lo real, de conocerlo, de aprehenderlo. Por dicha razón, la voluntad no se puede considerar como algo que trabaja racionalmente para alcanzar un propósito; se podría decir que es un principio organizador, pero no forma parte del intelecto, sino que, al contrario, el intelecto es una herramienta de la Voluntad. Así, la manera de sintetizar su pensamiento cabría en una frase suya: "El mundo es el autoconocimiento de la voluntad" (Schopenhauer, 2013a: 485) (Spierling, 1989: 55).

Para él, "el mundo como representación" es la realidad objetiva o las nociones puras, es decir, lo que se refiere a los sentidos y la percepción de un individuo cognoscente. En el episodio 9 de la primera temporada, Rick le dice a Morty que "lo que la gente llama amor es solo una reacción química que obliga a los animales a reproducirse" (Harmon, 2013) demostrando como la Voluntad gobierna y esclaviza a los seres humanos. También es interesante mencionar que haya tomado el ejemplo de los animales dado que el mismo Schopenhauer hace una aproximación al conocimiento intuitivo poniéndolos como ejemplo:

> Los animales tienen entendimiento y carecen de razón, así que poseen conocimiento intuitivo, pero no abstracto: aprehenden correctamente, también captan la conexión causal inmediata, en el caso de los animales superiores, incluso a través de los diversos miembros de su cadena; en cambio, no piensan propiamente. (Schopenhauer, 2013b: 87).

Ahora bien, para Schopenhauer hay dos clases de representaciones que permiten aprehender el mundo: intuitivas y abstractas. "La intuición, referida a las cosas mismas, resulta del esfuerzo combinado de la sensibilidad y el entendimiento. La abstracción, emparentada directamente con la razón, tiene como objeto la formación de nociones generales, cuya sustancia entera está tornada del conocimiento intuitivo" (Op. Cit.: 154). Las primeras se relacionan con lo visible para el sujeto y su posibilidad, por lo que se puede considerar la forma primigenia del intelecto. El concepto, es decir lo abstracto, entonces se erige como la sustancia esencial, resultado de la intuición y que está ligada a la palabra para que se pueda conservar y transmitir. Por lo tanto, los conceptos metafísicos deben permanecer ligados al mundo de la representación, así una metafísica, según él, debe apoyarse en la experiencia (intuición), siendo una metafísica a posteriori que no sea una verdad absoluta, desechando así la condición apodíctica que Kant le otorgaba (Spierling, 1989: 58).

Rick es un personaje que engloba toda la representación intuitiva y, por esa razón, conoce al mundo real en su plenitud, tal como Schopenhauer habría soñado. Rick no solamente es capaz de transmitir su conocimiento intuitivo, sino que sus abstracciones sobrepasan la representación para convertirse en verdades, en "cosas en sí". Él no tiene la limitación porque es infinito y, de algún modo, inmortal; no olvidemos que es el hombre más inteligente del universo, por lo tanto, es la voluntad en sí misma. Esto se ejemplifica y toma forma en la segunda temporada, episodio 3, en su relación con Unity (Harmon, 2013) y cómo la vuelve una entidad carente de razón, todo para satisfacer sus placeres y deseos; mientras que Unity, poco a poco, se convierte en voluntad pura a merced de los designios de Rick que no hace más que intentar llenar los vacíos o carencias de su propia existencia. Aunque a breves rasgos parecería que Rick ha logrado tener todo, complementarse en plenitud.

Es así que como el mismo Schopenhauer señalaba, el desarrollo de un organismo, específicamente el cerebro (aquí Rick lleva una ventaja cuantiosa sobre los demás), hace que a la par también se desarrollen necesidades mucho más complejas que las que un animal pueda tener (necesidades biológicas básicas), por lo que satisfacerlas se torna muy complicado. La razón, entonces, se convierte en la herramienta biológica que tiene el ser humano para satisfacer dichas necesidades. Sin embargo, para Rick esta búsqueda incansable de deseos lo que trae es la obtención de satisfacciones que no le satisfacen, valga la redundancia. En consecuencia, esto se convierte en un bucle, una búsqueda infinita de placeres que nunca llegarán a darle una felicidad completa. Su esfuerzo continuo por llenar esos vacíos existenciales lo llevan al aburrimiento, así se demuestra en su empresa para deshacer las maldiciones de los objetos de la tienda del mismísimo Diablo (Temporada 1, episodio 9), utilizando su ciencia hasta el punto robarle, literalmente, el sentido de la propia existencia al rey de las tinieblas.

El deseo es una expresión de la necesidad de cualquier organismo que también se puede considerar como una forma de dolor. "Este aburrimiento reduce el amor más apasionado a simple necesidad de compañía. Una excepcional capacidad intelectual solo sirve para incrementar las posibilidades de sufrimiento y para hacer más profunda la soledad del individuo" (Copleston, 1996: 216). Efectivamente, esto es lo que pasa con Unity: Rick desea dejar de sentirse solo con una relación colectiva -esto dice mucho sobre su sentimiento casi abismal de soledad- aunque esta entidad está en la capacidad de cumplir todos sus deseos, él no es feliz y ella tampoco, por eso el abandono y la depresión posteriores de Rick.

No obstante, Schopenhauer también menciona que en algún punto se puede llegar a encontrar un deseo que no nos satisfaga, pero tampoco queramos abandonarlo. Por consiguiente, este deseo se convierte en lo que buscábamos, pero al mismo tiempo, a lo que podemos acusar, en vez de nuestra esencia, "debido a lo cual nos enemistamos con nuestro propio destino pero a cambio nos reconciliamos con nuestra propia existencia al alejarse del conocimiento de que el sufrimiento es esencial a esa existencia y la verdadera satisfacción es imposible" (Schopenhauer, 2013a: 376), esto último definiría a la actitud de Morty y su relación con Rick y la aceptación de que su vida no vale nada porque en cualquier momento puede morir, porque no pertenece a ningún lado y la sola idea de que hay un camino que lo llevará a la felicidad es errónea, ideas planteadas por su abuelo y sus aventuras. Esto se ve con claridad en el episodio sexto de la tercera temporada, Rick y Morty se someten a una desintoxicación lo que los lleva a separarse de las partes de su ser que ya no sufren o que les hacían sufrir; sin embargo, Morty, al final entiende, aunque inconcientemente, que la vida sin sufrimiento no sería una vida como tal y mucho menos si no está a lado de Jessica, quien es otra de las fuentes de su sufrimiento.

2. El pesimismo de Schopenhauer en el pensamiento de Rick Sánchez

Para el filósofo alemán, el ser humano es un individuo biológico que se tiene que enfrentar a la cuestión de la existencia desde esa perspectiva: tener presente que la única certeza es la muerte. Es así que su pensamiento se enfoca en que el valor de la existencia no puede ser mayor que el valor que la no existencia habría tenido. Así, gracias a los avances científicos, el pensamiento sobre la insignificancia del ser humano y su lugar en el universo ha creado una sensación de impotencia y pesadumbre sobre su destino, por lo tanto, Dios también ha perdido su relevancia sobre nuestro intento de explicar el origen de la vida y la existencia. Rick and Morty (Harmon, 2013); en consecuencia, se presenta como una serie televisiva que rescata gran parte de este discurso filosófico y lo muestra como una alternativa cómica que nos lleve a reírnos de nuestra nimiedad frente al inconmensurable universo que nos rodea.

En su obra *El mundo como voluntad y representación,* afirma que "nada puede ser fijado como un propósito de nuestra existencia a excepción del conocimiento de que sería mejor para nosotros el no existir" (2013b: 662), frase que suena muy familiar para los espectadores de Rick and Morty dado que esta idea base es repetida en múltiples ocasiones y no solo por Rick Sánchez, sino por toda la familia Smith a lo largo de la serie. Ninguno de sus miembros es realmente feliz; aunque, a la postre, no importa en realidad porque en un punto todos lo aceptan y tratan de convivir con ello. En el octavo episodio de la primera temporada, por ejemplo, Morty le dice a Summer: "Nadie existe a propósito, nadie pertenece a ningún lugar, todos vamos a morir. Ven a mirar la televisión". La razón de esta frase radica en su intento de convencer a su hermana que deje de pensar que su vida es la causa de la miseria de sus padres y lo que se ajusta de forma casi exacta al criterio de Schopenhauer.

> ...el sufrimiento es esencial a la vida y por lo tanto no afluye a nosotros desde fuera, sino que cada uno lleva en su propio interior la inagotable

> fuente del mismo. Antes bien, al dolor que nunca se aparta de nosotros
> siempre le buscamos un pretexto, del mismo modo que el hombre libre
> construye un ídolo para tener un señor. (Schopenhauer, 2013a: 375).

Es así que la idea de valor a la que Schopenhauer hacía referencia, ahora se entiende desde la visión de este personaje tan peculiar como lo es Rick Sánchez, quien como "hombre schopenhaueriano asume el sufrimiento voluntario de la veracidad. Sufrimiento que le ayuda a matar su voluntad propia y a preparar la completa transformación e inversión de su ser, cuyo logro constituye el sentido genuino de la vida" (Ortega y Mínguez, 2007: 119). En el episodio noveno de la primera temporada, Rick crea un Robot con capacidad para preguntarse sobre su propósito en la vida, el cuál solo es el untar mantequilla en la tostada de Rick; el Robot se da cuenta de que su existencia no tiene sentido alguno y Rick le dice sin ningún reparo: "Bienvenido al club, amigo" (Harmon, 2013). Para Rick, el sentido mismo de la vida es cuestionable y explicable solo desde la ciencia, aunque la respuesta siempre sea que no hay sentido en vivir, pero esto podría relacionarse, de algún modo, con el intento de Schopenhauer de hacerlo desde el concepto.

En perspectiva, Schopenhauer, debido a la influencia de la filosofía oriental, especialmente el budismo, a la que dedicó gran parte de su estudio y traducción, centra su filosofía sobre la base del sufrimiento. La idea de que gracias al sufrimiento el ser humano puede llegar a conocerse a profundidad y "percatarse de la estructura del mundo y adoptar una determinada actitud ante la vida" (Cabos, 2015: 2) es importante para entender lo que Rick desea, de alguna manera, que sus nietos e hija conciban. De este modo, puedan convivir en un mundo donde su propia existencia es intrascendente o, como él mismo lo llama, "un pedazo de mierda". Para Rick la diferencia entre los seres humanos no está medida en sus características personales sino en "el dolor en el culo" que estos le provocan. Tampoco debemos olvidar su frase distintiva "wubba lubba dub dub" que significa "estoy sufriendo un gran dolor, por favor ayúdenme" (Episodio 10, Temporada 1), la misma que nos acerca aún más al concepto de existencia de Schopenhauer antes mencionado. Cabe destacar que ese sufrimiento es el "que le ayuda a matar su voluntad propia y a preparar la completa transformación e inversión de su ser, cuyo logro constituye el sentido genuino de la vida" (Ortega y Mínguez, 2007: 119).

Ahora bien, cuando pensamos en Rick observamos a un personaje que ha aceptado la nimiedad que representa la vida o, más aún, la existencia en sí. Aunque esto puede sonar un tanto aterrador para cualquier mortal, para él resulta algo cotidiano y normal, lo acepta tal y como se le presenta. Sin embargo, a pesar de su sarcástica forma de enfrentarse a la existencia y a todo el dolor y sufrimiento que esta engloba, es su racionalismo puro para explicar los sentimientos y sensaciones del ser humano lo que nos lleva a discernir la dicotomía presente entre lo que es real y lo que creemos que lo es. Al respecto Schopenhauer menciona:

> ...sin duda, es el conocimiento de la muerte, y con él la consideración del sufrimiento y la necesidad de la vida, lo que proporciona el más fuerte impulso a la reflexión filosófica y a la interpretación metafísica del mundo. Si nuestra vida estuviera exenta de fin y de dolor, quizás a nadie se le ocurriría preguntar por qué existe el mundo y tiene precisamente esta condición, sino que todo se entendería por sí mismo. (Schopenhauer, 2013b: 199).

Así, en Rick and Morty, los sentimientos que una persona pueda percibir no dejan de ser formas irreales que pueden ser manipuladas, ya sea por un videojuego (La vida de Roy) o por la propia memoria (Los parásitos espaciales), lo que conlleva a que todo este cúmulo de sensaciones se ubiquen en un sitial desolado y sin importancia frente al ser que, al mismo tiempo, está predispuesto a un estado de incertidumbre sobre su propia existencia y la verdad de lo que de ella percibe. De este modo, podemos conectar la temática del show con la metáfora que utiliza Schopenhauer para describir a la Voluntad: el velo Maya, "el velo del engaño que envuelve a los ojos de los mortales y les hace ver un mundo del que no se puede decir que sea ni que no sea" (Schopenhauer, 2013a: 56). El resultado es que podemos sopesar ambos conceptos, el sueño y la vida, y reconocerlos como caras de una misma moneda. En el segundo episodio, Simulación Alienígena, de la primera temporada, Rick, Morty y Jerry están dentro de un simulador que, a su vez, está dentro de otra simulación, y esta última también dentro de otra aún más grande que contiene a todas las demás. Aunque para Jerry este fue el mejor día de su vida, no dejó de sentir también que no lo merecía y que su vida era un fraude.

Este extracto del pensamiento de su obra *El mundo como voluntad y representación* nos permite observar cómo los propios personajes de la serie se mueven dentro de esta concepción, dado que aunque el tono es completamente cómico e irreverente, no termina de alejarse de la tragedia que cada individuo enfrenta en su vida diaria: Summer cree de sí misma que es un error que sus padres cometieron y los obligó a estar juntos; Beth no puede superar el abandono de Rick; Morty, por su parte, ha pasado por demasiadas experiencias traumáticas que le han obligado a tener un comportamiento de cierta desidia ante el mundo que le rodea; Jerry, por el otro lado, es tal vez el personaje más inseguro de todos, siempre está sintiendo autocompasión por su situación, es cobarde e incapaz de aceptar su poca inteligencia, aunque esto juega a su favor al poder llevar de mejor manera el dolor de su existencia, cosa muy difícil para los demás; inclusive para Rick que, en un punto, desea quitarse la vida tras el abandono de Unity.

3. Nietzsche, la sabiduría de Sileno y Rick Sánchez.

Para Schopenhauer la raíz de la filosofía, o del filosofar concretamente, radica en el sufrimiento. El dolor es la principal arma que tiene el filósofo para empezar a reflexionar. Aunque tomemos a Schopenhauer como el epítome del pesimismo, este autor alemán resulta moderno para la primera figura realmente pesimista de la que se tiene registro: Sileno. Este curioso personaje, del que poco se ha hablado, despertó el interés de Nietzsche que, aunque lo menciona en pocas ocasiones, sirve de referencia para entender cómo él concebía a los griegos y hasta al mismo Schopenhauer. Pero, ¿cómo esto se relaciona con Rick Sánchez? Pues bien, antes que nada, debemos ahondar un poco en el mito de Sileno para poder responder esta cuestión.

Sileno aparece mencionado en la obra de Plutarco (1986), donde se narra su historia con el Rey Midas. Pero antes de llegar a ese punto cabe mencionar un poco de la genealogía de esta figura mítica. La palabra sileno, como tal, es un nombre genérico que le otorga a cualquier sátiro llegado a la vejez. Los silenos habitan en la naturaleza y forman parte del cortejo dionisiaco. Sin embargo, por sobre todos ellos, destaca Sileno, a quién se le fue encargado nada menos que la educación de Dionisio.

Sileno tiene una sabiduría por demás profética y proverbial; no obstante, para poder acceder a este conocimiento se debe hacer uso de estratagemas que permitan que revele sus secretos oraculares. Es importante destacar que toda esta erudición solo se muestra cuando éste se encuentra en estado de ebriedad, siendo el momento esencial para que los misterios que él posee puedan ser develados (Ávila Crespo, 1984); es así que esta es la primera característica que nos acerca a Rick Sánchez y su forma tan peculiar de divulgar su conocimiento al resto.

Según la historia de Plutarco, Midas, rey de Frigia, lo engaña embriagándolo con vino para capturarlo para que así le manifieste los misterios de la humanidad. Entonces, cuando el sátiro está frente a Midas le expresa:

> Vástagos afímeros de un genio penoso y de una suerte desgraciada, ¿por qué me obligáis a deciros aquello que sería mejor para vosotros no conocer? Pues una vida con la ignorancia de los propios males es la más libre de penas. Pero para los hombres es totalmente imposible obtener la mejor cosa de todas y participar de la naturaleza de lo que es lo mejor: en efecto, lo mejor para todos, hombres y mujeres, es no [E] haber nacido. Sin duda la siguiente después de esto y la primera de las cosas que puedan conseguir los hombres, pero la segunda mejor es, después de haber nacido, morir lo más rápidamente posible. (Plutarco, 1986: 109).

Sin duda esta aseveración tiene una carga pesimista por demás brutal para cualquiera que la escuche. Lo interesante aquí es que esta figura mítica puede constituirse en un arquetipo sobre lo que hoy podemos concebir como el personaje del alcohólico funcional y sabio, en este caso Rick Sánchez. A Sileno se lo representa con apariencia horrible y siempre embriagado, rodeado de ninfas y sátiros que lo cargan, pero es un dios menor, por lo tanto, no puede morir. Por tal razón, se convierte en la estructura de personaje sabio y viejo –en algunos casos inmortal- y se torna atrayente porque no se presenta como un protagonista como tal, sino más bien como un mentor[2] del protagonista. En este caso Sileno mira en la muerte no el problema sino el remedio (Hurtado, 2016: 39) al igual que Rick que piensa que la vida no vale nada porque puede ser reemplazada por cualquier versión de uno de los posibles universos y, por eso, asesinar a las versiones de sí mismo no le representa problema alguno sino, al contrario, una satisfacción.

Recordemos pues que Nietzsche se aproxima a la metafísica desde la perspectiva de Schopenhauer a quién lo considera su mentor, coincidentemente. Aunque Rick tiene un pensamiento muy parecido al de Schopenhauer, Nietzsche entra también en la ecuación, ya que, si bien para este último el dolor, en efecto, era la raíz de la filosofía, "para evitar apresar ese monstruo de apariencia seductora que es la melancolía" hay que hacer uso del "hilo del conocimiento, de la valentía y del amor" (Ávila Crespo, 1984: 95). Nietzsche desechó la idea dicotómica que oponía optimismo contra pesimismo a la que denominaba "charlatanería propia de mentecatos" (Nietzsche, 1995: 69).

Para Nietzsche, los griegos utilizaron el arte para lidiar con el dolor, este mismo dolor mencionado por Sileno en su sentencia a Midas. En vez de pensarlo como un elemento contrario a la vida, lo que hicieron fue sublimarlo y reconstituirlo como expresión artística; es así que el apego por la vida de los griegos está manifiesto en sus obras, sobretodo porque sus dioses eran producto, no de la angustia sino del "ánimo elevado" (Op. Cit.). Pero cabe recalcar, que este tipo de manifestación estaba relacionada con Apolo, es decir, con la mesura y la belleza; no obstante, este solo representaba un camino para escapar del sufrimiento de la existencia. Por otro lado, también encontramos a la vía antitética, la dionisiaca: embriaguez, éxtasis y exceso. La invitación hacia el camino que traspasa los límites y que es claro que es el que Rick escogió para lidiar con su dolor. "Y, sin embargo, aquella desmesura tenía el mismo sustrato: 'un velado sustrato de sufrimiento y de conocimiento', la dolorosa sabiduría de Sileno" (Ávila Crespo, 1984: 103).

El mundo griego se vio sumergido en la lucha constante de lo dionisiaco y lo apolíneo, la pelea entre el exceso y la mesura. En un momento uno de

---

[2] Recordemos pues que Rick and Morty nace como una parodia de Back To the Future, donde, bajo el esquema de Campbell y Vogler, doc se presenta como la figura del mentor y Marty como la del héroe. Por lo tanto, la figura o modelo a seguir, en este caso, distaría mucho del ideal de mentor que un héroe tiene dentro de su periplo.

ellos era el vencedor y esto representaba una tranquilidad momentánea hasta el embate del perdedor que se erigía como ganador de la contienda, en un momento dado. Es así que el frenesí dionisiaco lo que hacía era que el ser entre en un estado letárgico que servía como consuelo, como una droga que permitía alejar, por lo menos un momento, al pensamiento de Sileno, el pesimista, hasta que se despertaba nuevamente. En ese momento empezaba la nausea de la propia existencia, sin consuelo alguno que mermaba esa sensación.

Esa verdad sobre la insignificancia de la vida se muestra con su rostro espantoso, la verdad y la belleza se desconocen y el pensamiento de Sileno salta a la mente de los seres que ahora sienten asco. Para curar estos males existen dos posibilidades: el ascetismo y la tragedia. Lo segundo es para Nietzsche de mayor valía para la vida. Entra en escena el coro de sátiros quienes son los únicos que pueden "retorcer aquellos pensamientos de náusea sobre lo espantoso o lo absurdo de la existencia, convirtiéndolos en representaciones con las que se puede vivir: esas representaciones son lo sublime, sometimiento artístico de lo espantoso, y lo cómico, descarga artística de la náusea de lo absurdo" (Nietzsche, 1995: 85-86).

En el episodio 11 de la primera temporada, *Es hora de la fiesta*, Morty representa la mesura apolínea, es él quien se preocupa porque la fiesta no destruya su casa y también que sus padres no se enteren, mientras que Summer y Rick estaban completamente entregados al arrebato que el exceso y la falta de límites les permitía. Sin embargo, con la llegada de Jessica, su amor inalcanzable, Morty deja de lado la sensatez y se deja llevar por sus instintos, formando, posteriormente, parte del desenfreno. Así es como presenciamos la victoria de Dionisio sobre Apolo, dónde la muerte de una persona, ni el hecho de haberse teletransportado a otro planeta, irrumpe el estado en el que todos están sumergidos.

Al finalizar, Summer es puesta en evidencia y se da cuenta de su egoísta forma de ver la vida. Morty tiene que limpiar todo el desastre posterior y es, en ese momento, cuando Birdperson le revela lo que su abuelo constantemente repite: "Wubba lubba dub dub", traducida como "tengo mucho dolor, ayúdenme". Así la sabiduría Silénica se pone de manifiesto. En este caso tenemos a la comedia como la única descarga posible que pueden hacer uso los personajes, dada la cantidad de situaciones absurdas a las que se ven enfrentados y es de esta manera que se puede lidiar con el rostro de futilidad de la existencia, Birdperson le devela a Morty: "Gubba nub nub doo rah kah", es decir, "lo que sea que te permita dormir en la noche".

4. El nihilismo de Nietzsche y Rick

El nihilismo se concibe como la ausencia de convicciones verdaderas y valores. Este término fue utilizado, en su mayoría, por los autores alemanes románticos. Sin embargo, no es hasta Nietzsche que obtiene su concepción filosófica: "El filósofo nihilista está convencido de que todo acontecimiento no tiene sentido, de que todo sucede en vano, y también de que no debería existir nada sin sentido ni en vano" (Nietzsche, 2006: 53). Por lo tanto, conforme a esto, el nihilismo es el acatamiento de la esencia de la metafísica occidental decadente, que coincide con los movimientos culturales históricos del continente europeo. La segunda, por su parte, presenta al nihilismo en una perspectiva positiva, encarnado en el método genealógico nietzscheano (Nietzsche, 2005) que destapa los falsos valores promulgando la muerte de Dios. Es decir, que no hay un sentido propiamente, desvalorizando lo que hasta ese entonces eran considerados los valores supremos.

El caso de Rick Sánchez es interesante porque fusiona dentro de sí ambas tipologías de nihilismo, pero estás se encuentran en una tensión constante que no permite percibir que una prevalezca sobre la otra. En el primer caso podemos encontrar el intento de suicidio de Rick después de su ruptura amorosa; mientras que la segunda se nos presenta en el momento en que, junto a Morty, deciden trasladarse del universo Cronenberg que ellos mismo han creado –o destruido, depende de donde se lo mire- por sus propios errores, y empezar de nuevo en un universo donde sus versiones han muerto después de descubrir la cura para las horrorosas transformaciones del universo que acaban de abandonar.

El motivo del accionar de Rick no tiene un sentido claro, o si lo tiene es imperceptible, porque todas sus acciones son incongruentes. Sin embargo, lo que no se puede dudar es que su objetivo, de alguna manera, es explicar el universo (La Voluntad o cosa en sí). Además, debemos tomar en cuenta que para Rick los valores morales tradicionales como lo bueno y lo malo no están delimitados. Rick le dice a Morty: "científicamente, las tradiciones son estupideces". A esto le podemos añadir que, dentro de sus varias aventuras, el intento de Morty de ser bueno en el sentido más kantiano, se ve trastocado porque sus valores no concuerdan con los de los otros universos y mundos.

5. Conclusiones

Como hemos expuesto, *Rick and Morty*, lejos de ser una simple animación, es un programa que trata temas filosóficos complicados, en el sentido en el que nos obliga a los espectadores a preguntarnos sobre temas existenciales que pueden causar temor: cuestionarnos la realidad en la que vivimos y las creencias a las que estamos subordinados; ideas que hasta ahora han sido hechos indiscutibles para mucha gente, al punto de convertirse en dogmas. Si bien la figura de Rick Sanchez tiene una base Silénica en varios aspectos, sino en todos, también es cierto que nos abre la posibilidad de analizar el mundo desde el cuestionamiento de lo que consideramos verdadero y desde el sufrimiento de la vida al descubrir la realidad y destapar el velo.

Así como Schopenhauer y Nietzsche afirmaban que el sufrimiento es la base de toda filosofía, es interesante reconocer que en el mundo en el que vivimos, el devenir es más vertiginoso y caótico, el objetivo de la existencia y su propio concepto están pendiendo de un hilo, ya que, aunque ahora hemos podido satisfacer muchas de las necesidades, esto ha tenido como resultado crear nuevas y tratar de satisfacerlas, convirtiéndose en un bucle al que Schopenhauer hacía referencia. Sin embargo, Rick ha mostrado que esto nos puede llevar a una de las posibles conclusiones, la destrucción del ser.

Rick Sánchez aparece como una figura que encarna una preocupación no solo de nuestra era, sino de varios siglos atrás, empezando por el mito (Sileno) y que ahora se encuentra en el desarrollo tecnológico y científico que no ha hecho más que acelerar esta reflexión. Así que la figura de un alcohólico funcional sabio no es algo novedoso, pero sí vigente y su concepción pesimista de la vida está llenando los diálogos de varias narraciones tanto audiovisuales como literarias, lo que nos obliga a pensar en ello desde una perspectiva nihilista o como Rick diría: "mejor no pienses en ello".

Referencias bibliográficas

Aldermann, H. (1980) "Origin and Telos: A Reconstruction of the Relation Between 'The Birth of Tragedy' and 'Thus Spoke Zarathustra.'" Research in Phenomenology, vol. 10, pp. 192–207. JSTOR, JSTOR, www.jstor.org/stable/24654315.

Ávila Crespo, R. (1984). Metafísica y Arte: El problema de la intuición en Schopenhauer. Logos. Anales Del Seminario De Metafísica, 0(19), 149. doi:10.5209/ASEM.19056

Barthes, R. (1968) . Texte (théorie du. París). Encyclopedia Universalis

Barthes, R. (1979). Roland Barthes 1915-1980. París. Seuil.

Barry, E. (1925). What Wagner Found in Schopenhauer's Philosophy. The Musical Quarterly, 11(1), 124-137. Tomado de http://www.jstor.org/stable/738390

Belfiore, E. (1980). " Elenchus, Epode", and Magic: Socrates as Silenus. Phoenix, 34(2), 128-137.

Cabos, J. (2015). Sufrimiento y pesimismo en Schopenhauer: pesimismo como crítica social/Suffering and Pessimism in Schopenhauer: Pessimism as Social Critique. In Anales del Seminario de Historia de la Filosofía (Vol. 32, No. 1, p. 143). Universidad Complutense de Madrid.

Copleston, F. (1996) Historia de la Filosofía (Trad. Ana Doménech). Tomo VII. Barcelona: Editorial Ariel.

Evans, T. Wubba Lubba Dub Dub!: The pursuit of Hapiness in Rick and Morty. Keele. University

Genette, G. (1989) Palimpsestos: La literatura en segundo grado. Madrid: Cátedra. (1998)

Hubbard, M. (1975). The capture of Silenus. The Cambridge Classical Journal, 21, 53-62.

Janaway, C. (1999). Schopenhauer's pessimism. Royal Institute of Philosophy Supplements, 44, 47-63.

Harmon, D. (productor). (2013). Rick and Morty [serie de televisión]. Estados Unidos: Williams Street, Harmonius Claptrap, Starburns Industries

Hurtado, G. (2016). Dialéctica del naufragio. México: Fondo de Cultura Económica.

Janaway C. (1999). Schopenhauer's Pessimism. Royal Institute of Philosophy Supplement, 44, pp 47-63. doi:10.1017/S1358246100006664

Kristeva, J (1981) Semiótica. Madrid: Fundamentos.

Linares, J. B. (2016). La sabiduría de Sileno: El sátiro como hombre salvaje en el joven Nietzsche. In Nietzsche: Les premiers textes sur les Grecs (pp. 207-242).

Meštrović, S. (1989). Rethinking the Will and Idea of Sociology in the Light of Schopenhauer's Philosophy. The British Journal of Sociology, 40(2), 271-293. doi:10.2307/590272

Nietzsche, F. (1995). El Nacimiento de la Tragedia a partir del Espíritu de la Música (Trad. Andrés Sánchez Pascual), Madrid: Alianza Editorial.

Nietzsche, F. (2005). Genealogía de la moral (Trad. Andrés Sánchez Pascual). Madrid: Alianza Editorial.

Nietzsche, F. (2006). La voluntad de poder (Trad. Aníbal Froufe), Madrid: EDAF.

Ortega, P. y Mínguez, R. (2007), La compasión en la moral de A. Schopenhauer. Sus implicaciones pedagógicas, Teoría de la Educación. Revista Interuniversitaria, 19, 117-137.

Paschalis, M. (2001). Semina ignis: The interplay of science and myth in the song of Silenus. American Journal of Philology, 122(2), 201-222.

Plutarco (1986), Obras Morales y de Costumbres (Moralia), (Trad. Concepción Morales Otal y José García López). Tomo II. Madrid: Gredos

Sánchez Noriega, J.L. (2000). De la Literatura al cine; teoría y análisis de la adaptación. Barcelona, Paidós

Schopenhauer, A. (2013a), El mundo como voluntad y representación (Trad. Pilar López de Santa María, Vol. 1). Madrid: Trotta.

Schopenhauer, A. (2013b), El mundo como voluntad y representación (Trad. Pilar López de Santa María, Vol. 2). Madrid: Trotta

Spierling, V. (1989). El pesimismo de Schopenhauer sobre la diferencia entre voluntad y cosa en sí". Revista de Filosofía (Universidad Complutense), (II 3ª Época), 53-62.

Spierling, V. (1991). El pesimismo de Schopenhauer. Enrahonar. An international journal of theoretical and practical reason, 17, 43-51.

Stewart, Z. (1959). The Song of Silenus. Harvard Studies in Classical Philology, 64, 179-205. doi:10.2307/310941

CAPÍTULO II

RELIGIÓN Y MITOS EN *WESTWORLD*

Inmaculada Mármol Martín

Robert Ford: Siempre has sido aficionada a la pintura, ¿verdad, Dolores? Arnold te dio ese regalo, ¿te acuerdas? Ese deseo de crear algo de belleza perdurable... Y esa era su pintura favorita.

Dolores Abernathy: Miguel Ángel. Dios creando a Adán.

Robert Ford: El momento en que Dios le da al ser humano un propósito. Eso dice la mayoría, pero podría tener otro significado. Algo más profundo, oculto quizás. Una metáfora.

Dolores Abernathy: Una mentira.

Robert Ford: Sí. (...) Tienes razón, Dolores, Miguel Ángel contó una mentira. Quinientos años después alguien se dio cuenta de lo que ocultaba a simple vista. Un médico vio la silueta del cerebro humano. Ese era el mensaje: el don divino no procede de un ser superior, sino de nuestra   mente
(Jonathan Nolan y Lisa Joy, 1x10, "The Bicameral Mind").

1. Introducción

Esta conversación entre dos de los protagonistas de *Westworld* (HBO, 2016 -actualidad) ilustra una de las numerosas referencias religiosas que se realizan en la serie. Combinación de los géneros ciencia ficción y wéstern, esta ha logrado posicionarse como una de las grandes apuestas de la productora HBO con audiencias de hasta 12 millones de espectadores en su primera temporada (según cifras de la auditora Nielsen)[2]. *Westworld* no es sólo la adaptación de la película homónima escrita y dirigida por Michael Crichton (1973). En su lugar, toma las claves de esta como punto de partida para crear todo un universo en el que, tras cada historia, y cada referencia, se esconden cuestiones que pretenden despertar la capacidad reflexiva del espectador, siendo la religión uno de los elementos de mayor peso en sus tramas.

---

[2] Adalian, J. (2018). What Westworld's Ratings Slump Means for HBO. *Vulture*. Recuperado de http://www.vulture.com/2018/06/westworld-season-2-hbo-ratings.html

Por esta razón, se considera de especial interés el estudio de la simbología mítica y religiosa que aparece en la serie, por lo que se realizará un análisis de dichos símbolos en relación con el contexto argumental en el que se presentan.

2. Marco teórico y conceptual

2.1. Welcome to Westworld: live without limits

Creada por Jonathan Nolan y Lisa Joy para HBO, *Westworld* es la segunda serie de televisión basada en las películas *Westworld* (Michael Crichton, 1973) y su secuela *Futureworld* (Richard T. Heffron, 1976). La serie actual debutó el 2 de octubre de 2016, alcanzando la audiencia más alta de las producciones de HBO para una primera temporada (Adalian, 2018). Gozando de una recepción positiva por parte de la crítica[3], fue ganadora de 5 premios Emmy, y con el impulso del éxito conseguido, continuó el 2 de abril de 2018 con el estreno su segunda temporada.

La serie narra las diferentes historias localizadas en *Westworld,* un parque temático ambientado en el Lejano Oeste, término popularmente utilizado para designar los hechos históricos acontecidos en Estados Unidos en la época colonial de expansión hacia la costa oeste durante el siglo XIX (Huici, 2004). Éste forma parte de un conjunto de seis parques dirigidos y controlados por la empresa Delos Inc., que hace uso de las tecnologías disponibles (en un futuro indeterminado) para ofrecer a los visitantes la posibilidad de interactuar con androides (en adelante, *hosts*) en el parque, y formar parte de las diferentes tramas que éstos están programados para reproducir. Dicha programación mantiene a los autómatas realizando las mismas acciones y manteniendo las mismas conversaciones día tras día, dirigiendo a los visitantes por diferentes caminos y aventuras. Así, el éxito de *Westworld* reside en los *hosts*, pero un fallo en la última actualización de su programa despierta en estos comportamientos indeseados.

Los personajes principales pueden dividirse en aquellos que ejercen el control en dicho parque (fundadores, personal administrativo y técnicos de mantenimiento), los *hosts*, y las personas que acuden al parque a visitarlo. De esta primera categoría, se destacan los personajes de Robert Ford (interpretado por Anthony Hopkins) y Arnold Weber (Jeffrey Wright), los fundadores y creadores del parque, a los que en ocasiones se llega a nombrar como "padres" de los *hosts;* teniendo asimismo gran importancia el personaje de Bernard Lowe (Jeffrey Wright), especialista en programación. En la segunda categoría, los personajes esenciales son los de Dolores Abernathy

---

[3] Wiegand, D. (2016). 'Westworld' is a gripping sci-fi brain-teaser. *SFGATE*. Recuperado de https://www.sfgate.com/tv/article/Westworld-is-a-gripping-sci-fi-brain-teaser-9444192.php

(Evan Rachel Wood), Maeve Millay (Thandie Newton) y Teddy Flood (James Marsden). Por último, la serie cuenta con los personajes de William (Jimmy Simpson), Logan Delos (Ben Barnes) y el apodado "Hombre de negro" (Ed Harris) en calidad de visitantes del parque.

Una de las características definitorias del periodo en el que se ambienta el parque es que el Estado "no está aún completamente presente en todas partes, y hay una falta de control de las normas, una carencia de regulación de las relaciones humanas y sociales, de agentes que hagan respetar la ley, etc" (Huici, 2004: 43). Al ser un parque que participa de dicho periodo, gran parte de su atractivo reside en la inexistencia de unas leyes establecidas que restrinjan la capacidad de los visitantes para causar estragos en este. A esto se suma que, siguiendo las leyes de la robótica establecidas por Isaac Asimov[4], los *hosts* no pueden dañar a los seres humanos. Como se menciona en la serie, esta sensación de impunidad debida a la falta de consecuencias reales de las acciones dentro del parque consigue sacar a la luz el yo más desinhibido, instintivo y salvaje de los visitantes, liberados de las imposiciones sociales que rigen sus vidas fuera del parque.

Durante la primera temporada, los *hosts* comienzan a romper los bucles que están programados para reproducir, cobrando conciencia de sí mismos gracias a la capacidad de almacenar recuerdos (en forma de sueños) que les confiere la actualización defectuosa. En consecuencia, una de las premisas principales de la serie es la relación entre memoria y autoconciencia, ya explorada por Jonathan Nolan en *Memento* (2000). Asimismo, a lo largo de la serie se tratan otras temáticas propias de los géneros de los que participa, como la rebelión prometeica de los *hosts* contra los humanos que los dirigen, presente en abundantes relatos de ciencia ficción; así como el viaje en caravana hacia la frontera como Tierra Prometida "en la que es posible construir un paraíso terrenal" propia del wéstern (Huici, 2004: 43).

Como puede observarse, dichos temas no solo se combinan con multitud de referencias y símbolos míticos y religiosos, sino que estos últimos son esenciales para el desarrollo de la historia. Un ejemplo de esto es estudiado en el análisis de *Wisecrack* sobre la primera temporada de *Westworld*: *"to say Westworld is a show about a man playing God is an understatement. Religious imagery is everywhere"* (2017).

2.2. Mitos, religión y ciencia ficción

En este apartado se desarrollan las teorías de algunos de los autores más influyentes en el estudio de simbología, los mitos y la religión desde diversas perspectivas, abarcando sobre todo la psicológica, la antropológica y la

---

4 Asimov, I. (1942). *Círculo vicioso*. Nueva York: Street & Smith.

filosófica. Dichos autores son Carl Gustav Jung, Mircea Eliade y Joseph Campbell. De esta forma, pretende aplicarse la teoría de estos al estudio de los símbolos míticos y religiosos en *Westworld*.

En primer lugar, ha de sintetizarse un elemento común al que se refieren los tres autores: el inconsciente colectivo, para lo que se parte del trabajo del primero de los mencionados. El psicólogo Carl Gustav Jung acuña este término para referirse a la existencia de una cognición innata y común en los seres humanos, independientemente del momento histórico o la procedencia geográfica de estos. Esta cognición está compuesta por arquetipos, formas típicas y universales de comprensión que se manifiestan en forma de símbolos e imágenes con gran carga de significado, siendo el pensamiento simbólico consustancial al ser humano, como expone en su obra *Arquetipos e inconsciente colectivo* (1970). Estos elementos son inherentes al subconsciente, y forman patrones y modelos que explican las similitudes en los motivos míticos encontrados en los habitantes de diferentes culturas, pasadas y presentes (cfr. Moreno, 1989). Tanto en forma como en contenido tienen un carácter mítico, coincidiendo con las ideas primigenias detrás de estos relatos, y adquieren un carácter de conocimiento colectivo: *"The human psyche possesses a common substratum containing the myths and legends of all peoples regardless of differences in culture or personal experience"* (Moreno, 1989, párr. 7).

Jung no fue el único que estudió la presencia de los arquetipos como sustrato universal de mitos y leyendas de todo el mundo: Mircea Eliade "dedicó la mayor parte de sus investigaciones al estudio del lenguaje simbólico empleado por distintas tradiciones religiosas, en un intento de reducir su significado a algunos mitos primordiales que proporcionen una base para la comprensión de todos los fenómenos místicos" (Amilburu, 2000: 1). Este autor utiliza el término "arquetipos" como sinónimo de modelo o paradigma (cfr. Moreno, 1989) que constituye una unidad de significación presente en las religiones estudiadas. Dichos símbolos y arquetipos revelan conocimientos cuya naturaleza hace imposible acceder a estos a través de otros medios, así como también "permite(n) el acercamiento a una realidad imposible de alcanzar en la cotidianidad del ser" (Hernandez, 2015: 44), defendiendo la importancia de la hermenéutica como método para comprender su significado. Según el propio autor, "mi objetivo principal ha sido crear un método hermenéutico capaz de revelar al hombre desacralizado de hoy la significación y el contenido espiritual de las creaciones religiosas arcaicas, orientales y tradicionales" (Eliade en Allen, 1985: 71). Así, desde el punto de vista de Eliade, "la religión se perfila como un universo de sentido, como un sistema de significaciones equivalente en su pregnancia y densidad al arte y la filosofía aunque más básico, originario y abarcador que estos" (Montoro, 1986: 99).

En su obra *Imágenes y símbolos* (1991), Eliade realiza una recopilación de estructuras simbólicas presentes en diferentes religiones de todas partes del mundo. De la misma forma, el mitólogo Joseph Campbell trabaja en unificar y sintetizar aquellos símbolos y arquetipos transversales en mitos y leyendas en *El héroe de las mil caras: psicoanálisis del mito* (1959), resultando esto en lo que acuñó como "monomito" o "el periplo del héroe". En esta obra, el autor da a entender que, se trate de creencias tribales o de religiones masivas, todas estas presentan una serie de similitudes, entendidas como "siempre la misma historia de forma variable y sin embargo maravillosamente constante" (Campbell, 1959: 11). Campbell denomina al personaje protagonista del monomito como "héroe", definido como "el hombre o la mujer que ha sido capaz de combatir y triunfar sobre sus limitaciones históricas, personales y locales y ha alcanzado las formas humanas generales, válidas y normales" (ibíd.: 26). El autor realiza un ejercicio de interpretación de diversos mitos y religiones y sus distintas formas de ilustrar el periplo del héroe, arquetipo al que concede mayor importancia por la multitud de significados que representa. Uno de los ejemplos más significativos es la interpretación del viaje del héroe como un "viaje" intrapersonal, que lleva a pasar del culto a un poder divino al descubrimiento y la convicción de que el espacio en el que este poder existe es dentro de cada ser humano, cuya conclusión coincide con la anteriormente expuesta en la conversación entre los personajes de Robert Ford y Dolores Abernathy:

> Por tanto, Dios y los dioses (…) son simplemente símbolos para mover y despertar la mente y para sobrepasarla en sí mismos. El cielo, el infierno, la edad mitológica, el Olimpo y todas las otras habitaciones de los dioses son interpretadas por el psicoanálisis como símbolo del inconsciente. La clave para los modernos sistemas de interpretación psicológica es por lo tanto la siguiente: el reino metafísico = el inconsciente: "Porque -como Jesús lo dice- el reino de Dios está dentro de vosotros" (ibíd.: 236).

Así, el mito es comprendido como un relato que estructura la realidad a partir de un lenguaje simbólico, que permite guiar a los hombres en sus acciones y le otorga un sentido al mundo que habita, otorgándole un valor ontológico (cfr. Ruiz Noé, 2012). Cabe destacar que también se encuentra en el trabajo de estos autores el análisis de cómo el mito persiste en la sociedad contemporánea trasladado a las celebridades y personajes de ficción que aparecen en los *mass media*. De esta forma, los relatos míticos se trasladan a figuras cotidianas, proceso en el que los *mass media* juegan un papel fundamental por su capacidad de reproducir y transmitir imaginarios culturales:

> Nos muestran imágenes, símbolos, creencias, prácticas religiosas traídas
> de otros lados del mundo, ideas y formas de pensar que logran tener eco
> en las localidades en las que se transmiten. (...) Sueños de muertos vi
> vientes, naves espaciales, vampiros, aventuras donde el actor del sueño
> atraviesa por el camino común de la aventura mitológica del héroe (Es
> pinosa, 2007: 149).

Asimismo, Eliade atribuye al consumo de ficción en forma de novelas y cómics la capacidad de aliviar "el deseo de oír el mayor número posible de
"historias mitológicas" desacralizadas o simplemente disfrazadas bajo formas "profanas"", lo que bien podría trasladarse al consumo de series (1999:
182). A este respecto, otros autores que estudian la materia han llegado a
afirmar que "la ficción cinematográfica es un testimonio de cómo en el
mundo contemporáneo persiste una arquetípica necesidad antropológica
por desdoblar y transfigurar lo real en lo imaginario" (Pasín, 2006: 123).

La ciencia ficción se presenta como un género de especial importancia para
reflejar estos símbolos y arquetipos, debido a la transposición de las creencias míticas y religiosas al campo de la ciencia y la tecnología ocurrida a
partir de la Edad Moderna: "A partir del siglo XVI, va a ser el auge de la
ciencia lo que propiciará que la antigua esperanza judeocristiana se desplace ahora al terreno de aquella" (Pasín, 2006: 115). El ejemplo más notorio de este fenómeno es el de la saga de películas de *Star Wars* (George
Lucas, 1977 - actualidad). En esta no sólo se trata con la metamorfosis del
periplo del héroe mesiánico en una historia de ciencia ficción, además, en
ese universo creado para la historia, se introduce una religión que juega un
papel fundamental para el desarrollo de esta, en la que se observan influencias de religiones existentes (Ortiz-Oses, 1995); y su gran repercusión ha
hecho que la saga en sí misma funcione como mito al dar sentido a las demás construcciones del "universo *Star Wars*" (Ospina-Deaza, 2015). Si
bien, este título no es el único en el que se plasma cierta relación entre ciencia ficción y mitos o religión, pudiendo nombrar otros como *Blade Runner*
(Ridley Scott, 1982) o *Matrix* (Lilly Wachowski y Lana Wachowski, 1999)
siendo estos temas frecuentes en los relatos *cyberpunk*.

Actualmente, las tendencias en este campo de investigación apuntan a la
integración de estas temáticas en videojuegos, como es el caso de Paulissen
(2018) y de Wildt, Aupers, Krassen, y Coanda (2018). Estos resultan de especial interés debido a que no solo narran una historia y comunican significado, sino que involucran al jugador en el descubrimiento de dicho significado:

> Much like religions have offered us the ability to think beyond our mundane daily lives, turning on our computers or consoles can offer us a different world. (...) On the other hand, game texts are brimming with religious narratives, symbols, tropes and plots and are as such encoded with 'ultimate meanings' that are negotiated, reconstructed and reversed while playing (de Wildt et al., 2018: 1).

3. Diseño de investigación

El interés principal de este estudio radica en la representación de imaginario y temáticas míticas y religiosas en la serie *Westworld,* tanto de forma explícita como implícita. Así, la pregunta de investigación a la que se trata de dar respuesta es:

- ¿Qué papel desempeñan los mitos y la religión en Westworld?

Con el fin de responder a esta pregunta, se ha llevado a cabo una metodología cualitativa centrada en la revisión bibliográfica anteriormente planteada y, posteriormente, en un análisis del discurso realizado según el enfoque de Meyer (2003). Para realizar este análisis, se han utilizado los arquetipos planteados por Mircea Eliade en calidad de temas principales a analizar en el texto. Debido a la naturaleza de este estudio, se hace uso de la serie como fuente principal de material (texto). Por ello, se ha desarrollado un ejercicio de interpretación de aquellos elementos relevantes tras un análisis de esta secuencia por secuencia, ya que según este mismo autor "la herramienta más eficaz, es decir, la que está en mejores condiciones de explicar, a la vez que la complejidad, la especificidad de las expresiones religiosas, es la hermenéutica" (Solares Altamirano, 2012: 41), coincidiendo con la naturaleza de los análisis del discurso (cfr. Meyer, 2003: 38). Por último, con el fin de presentar los resultados, se conectarán los análisis a través de una discusión para alcanzar las conclusiones, ya que los autores anteriormente mencionados consideran que la fase de recogida de datos y la de evaluación forman parte de un proceso simultáneo y "permanentemente operativo" (ibíd.: 41).

4. Análisis de arquetipos presentes en *Westworld*

Gracias a la revisión de trabajos previos en materia de representación de la religión en ciencia ficción, se concluye que resulta esencial estudiar los arquetipos proporcionados por Mircea Eliade para llegar a entender e interpretar cómo se tratan en *Westworld* los imaginarios religiosos y míticos. Estos son sintetizados y desarrollados por Almiburu (2000) y Hernández (2015), estudios tomados como referencia para comenzar el proceso hermenéutico. Por otra parte, se han añadido otras figuras de igual importancia para la representación de la religión en la serie, observadas en fuentes como La Santa Biblia o el análisis que realiza *Wisecrack* sobre la filosofía de *Westworld* (2017). En primer lugar, se procede a enumerarlos explicando su significado, para posteriormente dar con su representación en la serie.

- El Centro

También se encuentra nombrado en la obra de Campbell como "Ombligo del mundo". Eliade plantea que las sociedades arcaicas conciben el mundo como un microcosmos, "un espacio organizado y habitado fuera del cual sólo hay caos, monstruos, noche y muerte" (Amilburu, 2000: 5). En consecuencia, en todo microcosmos se encuentra un arquetipo común considerado un "centro", no en el sentido geométrico o geográfico sino en cuanto lugar sagrado en el cual se origina la existencia y en el que tienen lugar las manifestaciones divinas (cfr. Ibíd.). Este Centro se encuentra representado simbólicamente de diversas formas, siendo frecuente encontrarlo como "árbol cósmico" o "montaña sagrada": "El Paraíso era el "ombligo de la Tierra" y, según una tradición siria, se hallaba "en una montaña más alta que todas las demás". (...) Las mismas tradiciones han sido conservadas por el judaísmo". (Eliade, 2001: 15). Generalmente, los templos y ciudades reales simbolizan la materialización de este arquetipo, fundada en la voluntad humana de recrear las acciones y hazañas realizadas por deidades y guerreros míticos (Eliade, 2001; Campbell, 1959). Este Centro tiene una importante relación con el periplo del héroe, así como con los ritos de iniciación. Tanto en uno como en los otros, se representa la muerte del ser profano para dar lugar a su renacimiento como ser sagrado: "el camino es arduo, está sembrado de peligros, porque, de hecho, es un rito del paso de lo profano a lo sagrado; de lo efímero y lo ilusorio a la realidad y la eternidad; de la muerte a la vida; del hombre a la divinidad" (Eliade, 2001: 15).

En *Westworld*, el Centro está representado como el centro de un laberinto. Este fue ideado por Arnold, uno de los creadores del parque, y se muestra gráficamente en la serie como un laberinto de forma circular en cuyo centro se encuentra la forma de una persona, extendido de manos y pies de forma similar al Hombre de Vitruvio. En un principio, la narrativa asociada al laberinto está relacionada con el viaje que realiza el Hombre de negro a través del parque, en busca del centro de este con el objetivo de encontrar sentido, significado: *I think there's a deeper meaning underneath all that. Something that the person who created it wanted to express. Something true"* (Jonny Campbell, 1x05, *"Contrapasso"*). Para conseguir encontrarlo, se guía de las señales en las que encuentra el símbolo del laberinto, a pesar de que los *hosts* le señalan que "el laberinto no es para él". Así, esta búsqueda del centro del laberinto y su significado es el tema principal de la primera temporada, finalizando su recorrido tras una iglesia (siendo un templo la representación física del Centro).

Posteriormente, dicho laberinto se revela como un espacio que carece de presencia física real: el laberinto simboliza un viaje interior que tienen que realizar los *hosts* para cobrar conciencia de sí mismos y su posición en el mundo. El primer paso para esto es comenzar a almacenar recuerdos; el segundo es romper los bucles e improvisar tomando sus propias decisiones, y el tercero "descubrir su propia voz". Esto es explicado por Arnold a Dolores, *host* protagonista del mencionado viaje interior que le permite descubrirse, en *"The Bicameral Mind"* (Jonathan Nolan, 1x10): *"Consciousness isn't a journey upward, but a journey inward"*. Asimismo, el propio título del capítulo tiene gran importancia, ya que la Teoría de la Mente Bicameral estudia cómo, en las sociedades primitivas, los individuos participaban de un estado mental compuesto por dos partes diferenciadas, que se comunicaban a través de "voces", alucinaciones auditivas como las que experimenta Dolores. Estas voces son atribuidas en un primer momento a deidades, "oír la voz de los dioses", hasta que se da el paso evolutivo hacia la sensación de la conciencia unitaria. Esta teoría fue expuesta por Julian Jaynes en *El Origen de la Consciencia en la ruptura de la Mente Bicameral*, en 1976. De esta forma, el Centro simboliza el paso del pensamiento mítico a la autoconsciencia, del teocentrismo al humanismo, coincidiendo la representación simbólica de éste en la serie con las interpretaciones que tanto Eliade como Campbell realizan de este arquetipo.

- Cielo, Tierra e Infierno. La Puerta.

En el estudio de los arquetipos de Eliade, se nombran tres regiones cósmicas: Cielo, Tierra e Infierno, siendo el Centro el punto de encuentro entre estas (Amilburu, 2000: 5). El Cielo representa un espacio metafísico en el que habitan las divinidades. En la tradición judeocristiana, el hombre está compuesto por una parte física y otra espiritual (alma), y el Cielo es el espacio al que trasciende el alma para cohabitar con Dios y gozar de vida eterna, en caso de que la persona siguiera la doctrina de Dios en vida: "No todo el que me llama: "¡Señor, Señor!" entrará en el reino del cielo. Sólo entrarán aquellos que verdaderamente hacen la voluntad de Mi Padre que está en el cielo" (Mt 7: 21-23 Nueva Versión Internacional). En caso contrario, el alma de esa persona encontraría castigo eterno en el Infierno (también llamado Gehena, Hades o Lago de Fuego): "pero los cobardes, los incrédulos, los abominables, los asesinos, (…) y todos los mentirosos recibirán como herencia el lago de fuego y azufre" (Ap 21: 8). Por último, la Tierra es el espacio en el que habitan las personas en vida.

En la segunda temporada de *Westworld*, se encuentran representados dos de los espacios mencionados. En primer lugar, los *hosts* inician una peregrinación a través del parque guiados por Dolores. En este caso, el propio parque al completo se trata de la Tierra, lugar en el que habitan los hosts y que forma su microcosmos. Desde un principio, el personaje de Dolores habla de una localización indeterminada llamada *"The Valley Beyond"*, que además de aludir por su propio nombre a un "más allá", hace la función de Cielo en tanto que sirve para liberar a los *hosts* de las vidas que viven en el parque, atormentadas por los visitantes. Este valle se presenta como una especie de servidor, en términos informáticos, similar a los servicios de computación en la nube, en el que se guardan de forma permanente todas las vivencias y recuerdos de los *hosts*, simbolizando el proceso por el cual las almas pasan a gozar de vida eterna. La similitud no acaba en esto, pues para acceder a dicho valle, también llamado *"Glory"*, los *hosts* han de atravesar una grieta interdimensional, a la que algunos personajes se refieren como "La Puerta", dejando atrás para ello sus cuerpos físicos. Esta grieta puede compararse al elemento bíblico que permite el paso de las almas al Cielo, nombrado como "la puerta angosta" o "la puerta estrecha": "estrecha es la puerta y angosto el camino que conduce a la vida, y son pocos los que la encuentran" (Mt 7: 14). Visualmente, el valle se presenta como un prado idílico de verdes pastos en el que los hosts no pueden ser dañados.

Por otra parte, el Infierno no tiene una representación clara en Westworld, si bien este se menciona en varias ocasiones. Ya en el primer capítulo de la serie, el personaje de Peter Abernathy alude a éste con la frase *"Hell is empty and all devils are here"* (Jonathan Nolan, 1x01, *"The Original"*).

- La divinidad

En la literatura estudiada, la figura divina se presenta a través de multitud de ejemplos, tratándose de una sola o de un conjunto de figuras. Asimismo, en ocasiones se describe como un ente con forma humana o antropomorfa, de naturaleza benigna o engañosa o, como en el caso de las religiones orientales, como una abstracción en la que confluyen todos los seres espirituales. El arquetipo presente en la obra de Eliade alude a esta figura como "el dios ligador", relacionándola con los nudos y las ataduras ya que "el hombre reconoce en este conjunto de símbolos un arquetipo de su propia situación en el mundo (Amilburu, 2000: 5).

Las figuras divinas que aparecen en la serie se encarnan en los personajes de los creadores del parque y los *hosts*: Robert Ford y Arnold Weber. Estos, dentro de las instalaciones del parque, se conciben similares a la concepción de judeocristiana de Dios: seres omnipotentes, omniscientes, y omnipresentes, ya que Ford está dentro de todos los *hosts*, pudiendo actuar a través de ellos. Este realiza varias demostraciones de su poder a lo largo de la serie, controlando a los *hosts* a su voluntad (se destacan escenas de los capítulos 1x04, *"Dissonance Theory"*, 1x05, *"Contrapasso"* y 2x07, *"Les Écorchés"*). Asimismo, guarda una relación con los *hosts* análoga a la del Dios cristiano con los humanos: creador-creación. Así, según los *hosts* cobran conciencia, este crea y programa un sistema que les permita escapar del parque, trascender al anteriormente mencionado *Valley Beyond*. Para que esto sea posible, encarga de forma explícita a uno de los *hosts* la tarea de guiar al resto a dicho destino a través del desierto: *"When the Deathbringer returns for me, you'll know to guide your people and lead them to the new world"* (Uta Briesewitz, 2x08, *"Kiksuya"*); como el dios judeocristiano encarga a Moisés (Ex 3).

- El Jardín del Edén

Para analizar la representación de este elemento, se toma como referencia principal el Génesis (1-3), texto bíblico en el que se narra el origen de la existencia. En primer lugar, se describe cómo Dios crea todo lo que existe, desde el Cielo, la Tierra y la luz, hasta los seres vivientes, con el verbo. Ya de esto se observa una representación en la serie, en palabras de Ford: *"We speak the right words and we create life itself, out of chaos"* (Richard J. Lewis, 1x02, *"Chestnut"*). En la cosmogonía bíblica, Dios crea a Adán, y posteriormente a Eva para que le acompañe, y los coloca en en el jardín para que vivan puros, felices y en armonía con el resto de los seres. En dicho jardín se encuentra el árbol del conocimiento del bien y del mal, del que les prohíbe comer sus frutos. Sin embargo, una serpiente incita a Eva a comer su fruto, asegurándole que "cuando coman de ese árbol, se les abrirán los ojos y llegarán a ser como Dios, conocedores del bien y del mal" (Gn 3, 4). Ambos comen del fruto y son descubiertos por Dios, que los expulsa del jardín paracastigar su desobediencia.

En la primera temporada de *Westworld*, se explora a través del Génesis la relación entre conocimiento y dolor, siendo el parque el Jardín del Edén. En un principio, los *hosts* viven en el parque en armonía, programados para reproducir sus bucles, sin recuerdos ni sufrimiento, pues su memoria es reseteada por los técnicos. Arnold y Ford hacen del parque lo más cercano a una realidad perfecta y feliz, ya que dentro de éste los *hosts* no experimentan la pérdida, el dolor o la muerte. Sin embargo, algunos de los *hosts* comienzan a "despertar", a raíz de una actualización que activa su memoria y los lanza en una búsqueda de conocimiento. Entonces, la felicidad de los bucles en los que viven se rompe a medida que adquieren conciencia de lo que son, conciencia que viene propiciada por esa misma ruptura de la felicidad y el sentimiento de dolor: *"You think the grief will make you smaller and sad, like you heart will collapse in on itself, but it doesn't. I feel spaces opening up inside me, like a building with rooms I never explored"* (Vincenzo Natali, 1x04, *"Dissonance Theory"*). Como Adán y Eva, el conocimiento les condena a sufrir, son expulsados del paraíso. Sin embargo, precisamente gracias al desarrollo de su autoconciencia, los *hosts* son capaces de tomar sus propias decisiones, escapando de su condicionamiento para adquirir libre albedrío. Así, la propia Dolores califica al parque como "jardín", describiéndolo como una jaula: *"We've lived our whole lives inside this garden, marveling at its beauty, not realizing there's an order to it, a purpose. And the purpose is to keep us in"* (Jonathan Nolan, 1x10, *"The Bicameral Mind"*).

- El héroe

Este arquetipo se encuentra desarrollado en la obra de Joseph Campbell, que estudia tanto las diferentes formas que adquiere el héroe como el recorrido de este. Un arquetipo que encarna las virtudes más valoradas en su cultura de origen, y, en palabras del autor, "se aventura lejos de la tierra que conocemos para internarse en la oscuridad; allí realiza su aventura (...). Y la exploración de esa dimensión, ya sea en forma voluntaria o involuntaria, encierra todo el sentido de la hazaña del héroe" (Campbell, 1959: 200). Así, su camino consta de distintas etapas, en las que hay pruebas que este debe superar. Las etapas se describen en la obra como "separación", que comienza con la llamada a la aventura; "pruebas y victorias de la iniciación", cuando el héroe debe pasar por su fin como ser profano para alcanzar la divinidad, el poder o el conocimiento; y "regreso y reintegración en la sociedad" para transmitir las nuevas nociones adquiridas al resto de su comunidad.

En la serie, el héroe está representado de distintas formas por varios personajes: Maeve, William y Dolores, aunque este último personaje se estudiará como representación de otro mito. En primer lugar, la llamada a la aventura de Maeve se produce gracias a Dolores, tras lo cual inicia un camino que la llevará a morir varias veces para poder salir del parque al mundo humano a través de Delos Inc. Durante este camino, no solo adquiere conciencia, sino que se reprograma para adquirir poderes divinos que le permiten controlar a otros *hosts*, y reúne a un grupo de aliados que la acompañan y ayudan en su misión. La adquisición de estos poderes es una característica propia del arquetipo, pues "el héroe posee habilidades sobrehumanas o rasgos de personalidad idealizados que le permiten llevar a cabo hazañas extraordinarias y beneficiosas" (ibíd.) Sin embargo, su destino cambia abruptamente, y en vez de salir del parque, fallece intentando proteger a su hija. Por otro lado, William a su llegada al parque representa la bondad humana, si bien no es capaz de construir su propio camino y se ve arrastrado por las decisiones que toman los demás. Durante su estancia, se enamora de Dolores, y el deseo de protegerla despertará en él la capacidad de actuar según su propia voluntad. Sin embargo, al darse cuenta de que en el parque sus acciones no tienen consecuencias, deja atrás su personalidad piadosa para perseguir el objetivo de hacer el parque lo más real posible a cualquier precio. Esto lo transformará en un personaje de apariencia despiadada, pero cuyas acciones contribuyen a despertar la conciencia de los *hosts*:

Because if you did consider your choices you'd be confronted with a truth you could not comprehend - that no choice you ever made was your own. You have always been a prisoner. What if I told you I'm here to set you free? (Vincenzo Natali, 1x04, "Dissonance Theory").

- El mito de Prometeo

Por último, se estudia uno de los mitos más reinterpretados por la ciencia ficción: el mito de Prometeo, cuyo origen se encuentra en la cultura griega clásica. A lo largo de la historia se han sucedido diferentes versiones de este mito; sin embargo, fundamentalmente, este narra el robo del fuego que poseen los dioses para entregarlo a los hombres, desprovistos de arte y ciencia. Así, se representa al titán Prometeo como benefactor de la humanidad, que se rebela contra los dioses y los engaña para conceder sus privilegios a los humanos. Según estudia Hinkelammert, a partir del Renacimiento "Prometeo es visto como un hombre rebelde que se levanta frente a los dioses, deja de ser un Dios y se transforma en un hombre" (2005, párr. 6.).

Tras el análisis anteriormente expuesto, se deduce que los *hosts* representan la humanidad, y los fabricantes de estos y visitantes son los dioses contra los que se sublevan. La primera similitud con este mito son los bucles que los *hosts* están condenados a reproducir para servir como entretenimiento a los visitantes; al igual que Prometeo es condenado por Zeus a la repetición infinita de una tortura como castigo por su transgresión. La segunda similitud se presenta en el personaje de Dolores, que, tras adquirir conciencia, reúne a un grupo de seguidores y se rebela contra los humanos, iniciando una aventura prometeica que comienza cuando mata a su creador, Robert Ford. La motivación principal de este personaje es destruir el parque para liberar a los *hosts,* y escapar al mundo real para vengarse de los humanos, siendo capaz de eliminar a aquellos que se interpongan en su camino, incluso si son *hosts*: "*not all of us deserve to make it to The Valley Beyond*" (Richard J. Lewis, 2x01, "*Journey into night*"). Así, Dolores encarna a Prometeo como benefactor de la humanidad, en este caso los *hosts*, a los que aspira a conceder "el fuego de los dioses", rebelándose contra las condiciones de fabricación impuestas por sus creadores.

5. Conclusiones

Una vez llevado a cabo el análisis de los arquetipos religiosos y míticos más relevantes que aparecen en *Westworld*, se procede a exponer las conclusiones obtenidas sobre lo que estos simbolizan en relación con el contexto argumental en el que se presentan.

En primer lugar, los resultados del análisis del discurso arrojan luz sobre el trato de los arquetipos religiosos y míticos en *Westworld*. En concreto, estos no son presentados como meras referencias aisladas que adornan las escenas, sino como los ejes principales sobre los que se desarrollan las historias de los personajes en ambas temporadas. Por tanto, como respuesta a la pregunta de investigación, el papel de estos símbolos es ser el hilo que vertebra las distintas tramas argumentales de la serie.

Como se comenta en el análisis, la primera temporada constituye un paralelismo de los primeros capítulos del Génesis. Es a raíz de esta cosmogonía como *Westworld* cuestiona el desarrollo de la condición de autoconsciencia: como Adán y Eva solo pueden obtener conocimiento tras pecar mordiendo la manzana, los *hosts* solo pueden tener conciencia de sí mismos tras haber experimentado dolor. Este sufrimiento es desencadenado mediante la adquisición de memoria y la pérdida, condiciones necesarias para que sean "reales", capaces de evitar su programación y tomar sus propias decisiones. El paso de un estado vital a otro es relatado a través del arquetipo del Centro, representado como el centro de un laberinto que simboliza el proceso de autodescubrimiento, coincidiendo así con la interpretación de éste que realizan Campbell y Eliade. Otro de los temas centrales en esta temporada es la presentación del parque como Jardín del Edén, del que los *hosts* son expulsados, así como una reflexión sobre la relación entre divinidad-creador y creación. En la segunda temporada, el elemento principal es La Puerta, destino del viaje de peregrinación de los *hosts* a través del desierto para encontrar la Tierra Prometida, aludiendo al Éxodo (siendo este uno de los tópicos recurrentes en las historias de wéstern*)*. Así, el argumento se desarrolla en torno a este elemento, a través del cual los *hosts* pueden acceder a la región cósmica del Cielo y permanecer inmortales e inmutables, fuera del alcance de los humanos. Asimismo, cobra gran importancia el mito de Prometeo, mediante el cual se presenta la voluntad de Dolores de vengarse del sufrimiento que los visitantes causan a los *hosts*, así como de destruir el parque (Edén) para acceder al mundo real.

En la obra de Eliade, se estudia cómo se invisten de un aura mítica ciertos procesos sociales, como es la concepción contemporánea de progreso científico-tecnológico. Un ejemplo de ello es la filosofía occidental sobre el progreso, que bebe directamente sobre la concepción judeocristiana de la historia como proceso de "avance" con un fin determinado, que trasciende el tiempo histórico presente y que incorpora la esperanza de lograr una sociedad ideal paradisíaca, una promesa de futuro de naturaleza profética y mesiánica. De esta forma, se observa cómo incluso algunos de los sentimientos que despertaba la religión en sus creyentes son ahora despertados por el progreso tecnológico y científico, principalmente el descrito por Eliade como "*awe*" (pudiendo traducirse bien como "temor" o como "admiración"). Es debido a este sentimiento ambivalente que en numerosos relatos se reflejan realidades ficcionales basadas en el poder de la tecnología para transformar el mundo, como un ente opaco con poderes divinos, que puede ofrecer un "tecno-cielo" (la inmortalidad conseguida a través de la implantación de la mente en cuerpos imperecederos, por ejemplo) o un "tecno-infierno" (los sujetos tecnológicos rebelándose contra los humanos)[5]. De la misma forma, es este sentimiento el que inspira que, en obras como *Westworld,* se trate la innovación científica y tecnológica a través de metáforas de la divinidad.

---

[5] Esta relación es estudiada con mayor profundidad en la obra de Daniel Dinello titulada *Technophobia! Science fiction visions of posthuman technology* (2005).

Referencias bibliográficas

Adalian, J. (2018). What Westworld's Ratings Slump Means for HBO. *Vulture*. Recuperado de http://www.vulture.com/2018/06/westworld-season-2-hbo-ratings.html

Allen, D. (1985). *Mircea Eliade y el fenómeno religioso*. Madrid: Ediciones Cristiandad.

Amilburu, M. G. (2000). Testas Laureadas: Mircea Eliade, Imágenes y símbolos. *Nueva Revista*, 68, 74-80.

Campbell, J. (1959). *El héroe de las mil caras: psicoanálisis del mito*. México: Fondo de Cultura Económica.

Eliade, M. (1991). *Imágenes y símbolos*. Nueva Jersey: Princeton University Press.

Eliade, M. (1999). *Mito y realidad*. Barcelona: Editorial Kairós.

Eliade, M., (2001). *El mito del eterno retorno*. Buenos Aires: Emecé.

Espinosa, O. N. (2007). Los nuevos imaginarios religiosos de los jóvenes. *Antropología Experimental*, 7.

Hernández, L. E. V. (2015). Los símbolos universales según Mircea Eliade. *Boletín*, 2(1).

Hinkelammert, F. J. (2005). Prometeo, el discernimiento de los dioses y la ética del sujeto. Reflexiones a partir de un libro. *Pasos*, 118, 7-24.

Huici, A. (2004). Del Lejano Oeste a Oriente Próximo: western, ideología y propaganda. En Huici, A. (Ed.) *Los heraldos de acero: la propaganda de guerra y sus medios* (pp. 40-63).

Jaynes, J. (2009). *El origen de la conciencia en la ruptura de la mente bicameral*. México: Fondo de cultura económica.

Jung, C. G. (1970). *Arquetipos e inconsciente colectivo*. Barcelona: Ediciones Paidós Ibérica.

Meyer M. (2003). Entre la teoría, el método y la política: la ubicación de los enfoques relacionados con el ACD. En Wodak R. y Meyer M. (Ed.), *Métodos de análisis crítico del discurso* (pp. 35-59). Barcelona: Gedisa.

Montoro, J. M. P. (1986). Notas sobre hermenéutica y religión en la obra de Mircea Eliade. *Taula: quaderns de pensament*, 5, 95-104.

Moreno, A. (1989). Ecumenism, Archetypes, and Symbols. *Spirituality Today*, 41(3), 242-258.

Ortíz-Oses, A. (1995). Mitología del héroe moderno. *Revista Internacional de los Estudios Vascos*, 40(2), 381-393.

Ospina-Deaza, J. C. (2015). Entre el mito y el rito, un análisis estructural de Star Wars. *Boletín de Antropología Universidad de Antioquia*, 30(50), 208-241.

Pantaleo, P. I. (2015). Considerar lo religioso: contribuciones para su estudio en las culturas contemporáneas. *Revista de Ciencias Sociales (Cr)*, 4(150).

Pasín, Á. E. C. (2006). La persistencia del mito y de lo imaginario en la cultura contemporánea. *Política y sociedad*, 43(2), 107-126.

Paulissen, P. C. J. M. (2018). The Dark of the Covenant: Christian Imagery, Fundamentalism, and the Relationship between Science and Religion in the Halo Video Game Series. *Religions*, 9(4), 126.

Ruíz Noé, J. (2012). El camino del héroe: Entre lo sagrado y lo profano. *Acta Sociológica*, 1(57).

Solares Altamirano, B. (2012). Mircea Eliade, imaginario religioso y hermenéutica. *Acta Sociológica*, 1(57), 33-39.

de Wildt, L., Aupers, S., Krassen, C., y Coanda, I. (2018). 'Things Greater than Thou': Post-Apocalyptic Religion in Games. *Religions*, 9(6), 169.

Wisecrack (2017). The Philosophy of Westworld – Wisecrack Edition, en YouTube, 23 de febrero. Fecha de consulta: 02/09/18. https://youtu.be/1j2Q8yXx7vY

Capítulo III

EN EL PRECIPICIO DEL POSMODERNISMO: CAÍDA EN PICADO EN BLACK MIRROR

Mayte Donstrup

1.Black Mirror: brillos oscuros en la plataforma digital Netflix

El sueño tecnológico se puede tornar en pesadilla. En esta premisa se basa la serie de Charlie Brooker, *Black Mirror* (Channel 4, 2011-), que se adentra, a través de una sucesión de episodios cerrados, en los delirios tecnológicos que vaticina el autor para la humanidad. Una distopía compuesta de cuatro temporadas, y con una renovación para la emisión de la quinta temporada (Cordero, 2018), que narra una hilación de perversas historias que, en líneas generales, reflejan el que puede ser el lado más oscuro de las nuevas tecnologías de la comunicación y de la información (TIC). Unas herramientas que, más que ayudar a conectar con el prójimo, repercuten en la sociedad con un mayor aislamiento e indiferencia hacia los demás. En esta misma dinámica se desplaza el capítulo que aquí se considera, *Nosedive* (Caída en picado, 2016), episodio correspondiente a la tercera temporada y que tiene como centro del relato la existencia de las redes sociales y su influencia en la sociedad. De este modo, *Black Mirror* esboza una tóxica relación entre ambas que hará que los personajes se precipiten por el barranco a un vacío desconocido; sin embargo, más que una desgracia, este salto libre puede llegar a ser una liberación para ellos.

La protagonista de esta oscura narración es Lacie (Bryce Dallas Howard), presentada en las escenas iniciales como una chica agradable que respeta las normas establecidas y busca obtener una buena puntuación en el sistema; una organización social que se fundamenta en un ranking en el que situar a los ciudadanos: una valoración alta significará la posibilidad de acceder a mejores servicios sociales y, sobre todo, la admiración por parte de los demás. En contra, una baja calificación equivaldrá a ser repudiado y expulsado de toda actividad en comunidad (incluido los servicios sanitarios). Así, la actividad principal de esta sociedad será mantener las apariencias e intentar agradar a todo el mundo: todos te pueden evaluar y cualquier movimiento con mala fortuna te puede llevar a lo más bajo. Por lo tanto, se verá a Lacie ensayar sonrisas frente a un espejo, revisar historias de sus compañeros de trabajo en la plataforma digital para ser amable con ellos y aparentar interés por sus vidas, o simular un desayuno para subir a la red social una actividad que le pueda conseguir puntos. En eso ella demuestra ser una experta, es un 4.2 y posee grandes habilidades para la apariencia, pero para poder alcanzar la casa de sus sueños no será suficiente. Aquí aparece el desafío: adquirir un 4.5, tarea que emprende la protagonista y que será el núcleo de estudio del presente capítulo.

Con este fin, para lograr entender el ambiente de la serie y sus consecuencias, en primer lugar, se enmarcará el contexto dentro de la denominada posmodernidad (Lipovetsky, 1998: 2006) o modernidad líquida (Bauman 2009); nociones que ayudarán a la comprensión del ambiente social retratado. En segundo término, se revisarán los conceptos posmodernos planteados en relación con la protagonista de la historia con un análisis que dará lugar a la discusión de los resultados; en definitiva, no todo brilla en *Black Mirror*.

1.2. Destellos hedonistas: una introducción a la sociedad posmoderna

Bienvenidos a la era posmoderna: donde sus preocupaciones no deberán llegar más allá de su memoria a corto plazo, o algo parecido expresaría Lipovetsky si tuviera que dar un recibimiento a sus lectores en la introducción de sus obras. Es más, el autor estaría obligado a realizar un inciso en el término "preocupación", pues: ¿qué podría quitar el sueño en los desbocados tiempos posmodernos?, un periodo que se caracteriza por la "privatización ampliada, erosión de identidades sociales, abandono ideológico y político, desestabilización acelerada de las personalidades; [...] una segunda revolución individualista" (1998: 5). En definitiva, un ciclo en el que el dios griego Narciso impera alegramente en los terrenos precedentemente fecundos para la Razón.

En dos de sus principales obras, *Los tiempos hipermodernos* y *La era del vacío: ensayos sobre el individualismo moderno*, Gilles Lipovetsky (2006; 1998) aborda las características de la sociedad anteriormente mencionada, peculiaridades que serán de interés para el núcleo del análisis de *Nosedive* (Caída en picado). Básicamente, menciona el autor, el posmodernismo se puede definir como el espíritu de una época, el sentir común de una sociedad con los valores alterados que encuentra "su integibilidad a la luz de una lógica nueva que llamamos aquí el proceso de personalización, que no cesa de remodelar en profundidad el conjunto de los sectores de la vida social" (1998: 5). Un período continuo de individualización que deriva en una transformación sociológica global. Como resultado de este proceso, la sociedad centra su atención en una estimulación continua de necesidades que puedan hacerle olvidar su carencia de objetivos:

> Así opera el proceso de personalización, nueva manera para la sociedad de organizarse y de orientarse, nuevo modo de gestionar los comportamientos [...] máximo de elecciones privadas posible, con el mínimo de austeridad y el máximo de deseo, con la menor represión y la mayor comprensión posible (1998: 7).

Entonces, es una transformación de los estilos de vida acompañada de una revolución del consumo la que ha permitido el cambio de esta época; así, la sociedad posmoderna, hedonista y personalizada, se ha erigido como legitimada "y ya no encuentra oposición; [...] la era de la revolución, del escándalo, de la esperanza futurista, inseparable del modernismo, ha concluido. La sociedad posmoderna es aquella en que reina indiferencia de masa, donde domina el sentimiento de reiteración y estancamiento" (1998: 9). De esta forma, si la sociedad moderna se caracterizaba por conquistadora y con una fe ciega en el ideal del progreso del futuro, garante de la ciencia y de la razón; el posmodernismo, con un aire pesimista respecto al porvenir, se singulariza por su interés en la realización personal inmediata (1998; 2006). Por consiguiente, "Los grandes ejes modernos, la revolución, las disciplinas, el laicismo, la vanguardia han sido abandonados a fuerza de personalización hedonista; murió el optimismo [...]; ya ninguna ideología política es capaz de entusiasmar a las masas, la sociedad posmoderna no tiene ni ídolo ni tabú" (1998: 9).

Recapitulando, Lipovetsky argumenta que hoy en día son más relevadores los deseos individualistas que los intereses de clase; un hecho que da a lugar a que las relaciones de producción sean reemplazadas por las privatizaciones y se imponga el hedonismo egoísta a las acciones de solidaridad colectiva (1998: 2006). Atendiendo a estas consideraciones un concepto sale a la luz: el narcisismo, estrella clave de este universo hedonista. Un Narciso que solo se preocupa por sí mismo, desestabilizado y desconectado de sus iguales, y eso que aparece en una sociedad que simula estar en apariencia más interconectada que nunca gracias a las nuevas herramientas tecnológicas. En concreto, prevalece "la expresión gratuita, la primacía del acto de comunicación sobre la naturaleza de lo comunicado, la indiferencia por los contenidos [...] el emisor convertido en el principal receptor" (1998: 14-15). Inmerso entonces en una lógica del vacío que se comunica por el simple placer de comunicar. En definitiva, "el narcisismo descubre aquí como en otras partes su convivencia con la desubstancialización posmoderna" (1998: 15). Ahora bien, resalta el autor, no hay que culpar a las nuevas formas de socialización tecnológica esta apatía por el otro: la indiferencia no resulta ser un defecto de la socialización sino una herramienta necesaria para el capitalismo moderno (1998; 2006).

Un sistema económico que saca a relucir la vulnerabilidad, la indiferencia y el aislamiento, pues el hombre indiferente no se aferra a nadie, no tiene certezas, solo consume. De esta suerte, si a cada "generación le gusta reconocerse y encontrar su identidad en una gran figura mitológica o legendaria que reinterpreta en función de los problemas del momento: [...] Hoy Narciso es, a los ojos de un importante número de investigadores, en especial americanos, el símbolo de nuestro tiempo" (1998: 49). En síntesis, del capitalismo autoritario al capitalismo hedonista: el primero, personificado como competitivo económico y sentimental en lo privado, deja paso a un capitalismo puro y sin valores sociales (1998; 2006).

En efecto, el sistema pulverizado resultante magnifica la expansión del ego puro, y, "Al igual que el espacio público se vacía emocionalmente por exceso de informaciones, de reclamos y emociones; el Yo pierde sus referencias, su unidad, por exceso de atención" (1998: 56). El principio de la indiferencia y la desaparición de los grandes objetivos; nada por lo que sacrificarse en esta era; un Narciso muy programado para quererse a sí mismo y muy poco preparado para las relaciones afectivas (1998). Definitivamente, señala Lipovetsky, "La crisis de las sociedades modernas es ante todo cultural y espiritual" (1998: 65). Unas crisis que han originado comunidades dominadas por lo precario y lo efímero, puntos que incapacitan al ser humano para centrarse en su futuro, pues el período posmoderno señala "el advenimiento de una temporalidad social inédita, caracterizada por la primacía del aquí y ahora" (2006: 54). Todo esto significa que:

> [L]o que caracteriza el espíritu de la época no es tanto un carpe diem sino la inquietud ante un porvenir lleno de incertidumbres y riesgos [...] la hipermodernidad no designa tanto la concentración en el instante como su retorno vinculado a un futuro que se ha vuelto inseguro y precario (2006: 75).

2. Reflejos de una distopía

Dice Maffesoli que "cada época debe saber elaborar el atlas de su imaginario para establecer sus referencias e identificar el rey secreto que, más allá de los poderes aparentes, la rige en profundidad" (2009: 11). Entonces, ¿qué nos expresan los componentes elaborados en cada una de ellas? En este sentido, continuando con el autor, "el mundo social es, ante todo, el resultado de nuestras representaciones, nuestros imaginarios y de nuestras imaginaciones" (2009: 15), teniendo estas, por tanto, un gran papel social para poder interpretar el espíritu del momento. Así, "Los imaginarios permiten hilar conocimientos, creencias e ideas, tejiendo una red de significados que modulan nuestra comprensión de la realidad" (Barraycoa, 2012: 6); un saber que permitiría comprender la esencia posmoderna anteriormente descrita, posmodernidad que encuentra en las distopías su reflejo más preciso; espejismo de incertidumbre, temor y amarga profecía. Sin embargo, hay que resaltar que este género, lejos de pertenecer exclusivamente a este período temporal, ha estado presente con nosotros desde largo tiempo atrás. A saber, novelas como *Un mundo feliz* (Aldous Huxley, 1932) o *1984* (George Orwell, 1949) son clásicas distopías que reflejaban los temores de sus autores, que auguraban el autoritario devenir de la sociedad a través de sus narraciones. Unas sociedades que, rescatando el concepto de Foucault (1994), se singularizaban por su estructura panóptica con un Estado vigilante que observaba cada movimiento que se producía entre sus fronteras.

Black Mirror se diferencia de esta tendencia, el temor no proviene ya de un Estado vigilante. El panóptico ha sido sustituido por una pulverización de la guardia, los vigilantes están por todas partes, "para sustituir a la antigua sociedad displinaria-totalitaria, ya está en marcha la sociedad de la hipervigilancia" (Lipovetsky, 2006: 58), y este es el augurio que refleja la serie.

En resumen, las distopías son hijas de su tiempo, conformando unos imaginarios altamente identificables con la realidad del momento y enfatizando ciertos aspectos que las hacen, en sus últimas consecuencias, muy probables en un futuro no muy lejano. De esta forma:

> Al igual que nadie puede mirarse plenamente a sí mismo, sino es a través de un espejo, los imaginarios sociales nos permiten autorrepresentarnos y autoidentificarnos [y el] El título de la serie, Black Mirror, hace referencia indirecta al espejo que no se puede mirar. El espejo oscuro [que] no puede cumplir su misión y la "apertura" que nos concede la realidad imaginada queda emparedada (Barraycoa, 2012: 16).

2.1. Caída en picado

Con el ensayo de una sonrisa frente al espejo. Así empieza y de esta forma se retrata la protagonista de *Nosedive* en las primeras escenas del capítulo; una plasmación de sí misma que no indaga para encontrar la perfección más allá de la simple apariencia. En resumen, ella es un reflejo que no busca observar detalles, sino agradar fácilmente al próximo individuo que se encuentre en su camino para lograr una buena puntuación en la red; un sistema de valoración de la ciudadanía que da cuentas de su importancia desde los primeros instantes, con el móvil siempre a mano para poder puntuar a todo ser humano que se cruce en el trayecto. En este sentido, poco importa si no ha habido una mínima conversación, lo importante es quedar bien situado en el ranking.

Figura 1: *Presentación de la protagonista*

Todo en *Nosedive* es fugaz: puntuaciones rápidas, relaciones momentáneas y sensación de seguridad perecedera. Enmarcando esta sociedad en el concepto de Bauman, estos tiempos representados se asemejan a la *modernidad líquida*, una sociedad caracterizada por el estado fluido de los elementos que componen las comunidades, efímeras, que se desplazan con facilidad por los afluentes de la sociedad. De esta forma, "los fluidos no conservan una forma durante mucho tiempo y están constantemente dispuestos (y proclives) a cambiarla; por consiguiente, para ellos lo que cuenta es el flujo del tiempo más que el espacio que puedan ocupar" (2009: 8). Además, señala el autor, que una característica primordial de este estado es la responsabilidad del individuo, que en esta traslación privatizada de la modernidad no puede -ni se lo llega siquiera a plantear- apoyarse en sus compañeros de viaje; por lo tanto, todo el peso de la existencia, de sus deberes y de sus fallos recae sobre sus hombros. Una precariedad de los vínculos sociales y de las redes humanitarias que provocan un derrumbe, una vulnerabilidad y una fragilidad de la existencia individual; una desmantelación de las redes sociales para una mayor fluidez del capital, fuente de la riqueza del poder. De este modo,

> En una notable inversión de la tradición de más de un milenio, los encumbrados y podersos de hoy son quienes rechazan y evitan lo durable y lo celebran lo efímero, mientras que los que ocupan el lugar más bajo -contra todo lo esperable- luchan desesperadamente para lograr que sus frágiles, vulnerables y efímeras posesiones duren más y les rindan servicios duraderos (2009: 19).

Así, los puntos clave de esta sociedad son la precariedad, la fragilidad y la transitoriedad humanas. De esta suerte, aunque en principio el individuo posea toda la libertad que pudiera anteriormente soñar, esa licencia se ha convertido en cadenas que lo atan a una continua incertidumbre. Por ello, "lo primero que uno aprende del contacto con los otros es que la única ayuda que nos pueden brindar es el consejo de cómo sobrevivir en nuestra propia e irremidible soledad, y que las vidas de todos están llenas de peligros que deben ser enfrentados y combatidos en soledad" (2009: 41). Así, se dibuja una corrosión de la ciudadanía que ha dado lugar a que esta solo pueda ser considerada como un conjunto de consumidores: "El interés público se limita a la curiosidad por la vida privada de las figuras públicas" (2009: 42). El compartir intimidades no ya por la búsqueda de causas comunes sino a modo de entretenimiento; una peculiaridad que Bauman no achaca al mero hecho del predominio del hedonismo o a la falta del compromiso político que, si bien son señas de identidad de nuestro tiempo, no pueden explicar por sí mismas esa apatía por el otro: "Los cursos del cambio son más profundos; tienen sus raíces en la gran transformación del espacio público y, más en general, en la manera en la que la sociedad moderna funciona y se perpetúa a sí misma" (2009: 30). En síntesis, una privatización de la esfera pública y una desregulación desmesurada del capital que provocan en conjunto el final del compromiso mutuo; y, ¿qué les queda por hacer a los individuos en este ambiente?

Figura 2: *dinámica de la sociedad*

La existencia que refleja *Nosedive* es anodina, pues básicamente el objetivo de todo ciudadano-consumidor es conseguir una alta puntuación en el ranking. Un rango que se le presenta como un oasis; una tierra prometida con la que espera alcanzar la felicidad plena, una promesa que se basa en las siguientes reglas: consigue buena puntuación y obtendrás una buena casa, un buen trabajo y admiración por parte de los demás. En este cometido se adentra la protagonista, Lacie, una "buena" chica según la premisa de la que parte la historia: ella ensaya sus sonrisas, puntúa bien a sus vecinos o compañeros, y, por encima de todo, posee una alta actividad y presencia en las redes sociales. Así, en esta primera panorámica que ofrece la serie, se observa que la máxima es que el aspecto privado sea traspasado a la esfera pública, y que esta se encuentre disponible para un consumo rápido; un hecho celebrado, y producido, por innumerables usuarios. De esta forma, tal como expresan Bauman y Lyon (2013), la posición de ser observado traspasó a la categoría de tentación y ya no constituye una amenaza; al revés, esta sobreexposición parece ser el mejor antídoto contra la exlusión: "Todo aquello que es privado se hace hoy, potencialmente, en público. Y por ello está potencialmente disponible para consumo [...] y sigue disponible por un tiempo, que puede ser la eternidad" (2013: 31). Entonces, se puede entrever que la presencia de las redes sociales puede resultar atractiva en ese universo anodino y atomizado, permitiendo, en principio, establecer nexos sociales con otros usuarios a través de compartir las facetas más privadas de uno mismo. Por consiguiente:

> [S]acrificamos nuestro derecho a la privacidad por propia voluntad. O quizá sólo accedemos a la pérdida de privacidad porque nos parece un precio razonable por las maravillas que recibimos a cambio. O quizá la presión por entregar nuestra autonomía personal es tan irresistible, nos asemejamos tanto a las ovejas de un rebaño, que sólo unos cuantos individuos especialmente rebeldes, atrevidos, pugnaces y resueltos están preparados para intentar oponerse a ello (Bauman y Lyon, 2013: 30).

Y en esta dinámica de representación de la vida misma se mueve Lacie: "¡Estoy en la gloria!" comparte la protagonista en la red social; una frase a la que acompaña un café con una galleta estratégicamente colocada. Ahora bien, contrariamente a lo que ha expresado, deja el *capuccino* junto a la galleta sin probar –a la que solo ha dado el diseñado bocado– junto con una mueca de desagrado: el producto en sí no le ha llegado a cautivar, pero ha cumplido su cometido, los *likes* le empiezan a llover y se levanta feliz de la mesa. Se infiere entonces que la función primaria del desayuno ha dejado de ser la alimentación, su verdadero cometido es estético: un expositor de su estilo de (no) vida. De esta suerte, ha conseguido alcanzar su premio social y superar la prueba atrayendo la atención de demás usuarios, haciendo ver que "los miembros de la sociedad de consumidores son ellos mismos unos bienes, y es la cualidad de ser bien de consumo lo que les convierte en miembros de derecho de esa sociedad. Convertirse y seguir siendo un bien vendible es el objetivo máximo del consumidor, aunque en general sea de manera latente" (2013: 41). En contra, ser componentes de una sociedad de consumidores es una actividad agotadora que conlleva unas pesadas cargas: el miedo a no encajar y el temor a ser insuficientes. Así, con ello, la posibilidad de no ser vendidos y quedarse abandonados en la oscuridad de los almacenes; unos lastres contra los cuales la protagonista deberá combatir en una pelea que no tendrá fin. De ahí que en las siguientes escenas se pueda ver los inicios de esa batalla: ante la necesidad de mudarse, Lacie deberá competir por conseguir una buena, y deseable, vivienda. Una competición que contará como requisito imprencindible el poseer una buena puntuación para poder obtener la mínima posibilidad de ganar. A causa de ello elabora, con la ayuda de un asesor, un minucioso plan para lograr un aumento de su posición: un 4.2 que deberá subir al 4.5. Una estrategia con el objetivo de reducir la incertidumbre que persigue a su existencia, un intento de detener la amenaza invisible que le rodea, pero ¿será posible bajo las condiciones que le persiguen? Pues,

> El miedo es más temible cuando es difuso, disperso, poco claro: cuando flota libre, sin vínculos, sin anclas, sin hogar ni causas nítidas; cuando nos ronda sin ton ni son; cuando la amenaza que deberíamos temer puede ser entrevista en todas partes, pero resulta imposible de ver en ningún lugar concreto (Bauman y Lyon, 2013: 10).

En este sentido, diversas amenazas se diluyen a su alrededor, la primera, el contacto con personas de bajo nivel. Tal hecho se aprecia en el personaje de Chester, un compañero de trabajo que ha caído en desgracia por abandonar a su pareja sentimental; una acción que los demás colegas no han perdonado, haciéndole caer en el vacío y bajándole la puntuación a mínimos. De este modo, ante aceptar un té de este en la oficina, a ella la castigan, por lo cual no deberá, una vez aprendida la lección, ni acercarse a él la próxima vez que le pida ayuda. Así, la vigilancia no se limita al ámbito virtual, esta acecha en cada rincón social, pues "constituye una dimensión clave en el mundo moderno y en muchos países [como en esta serie] la gente es muy consciente de la manera en que la vigilancia afecta a sus vidas" (Bauman y Lyon, 2013: 1). Un vacío social que hace ver que el mal en la sociedad líquida no se limita al conflicto bélico o a ideas totalitarias, sino ante la ausencia de reacción ante el sufrimiento del prójimo (Bauman y Donskis, 2015); entonces, ella se hace a sí misma creer que no tiene otra opción, y a la próxima vez que se le acerque, se inyectará una "sedación ética" para huir y no precipitarse junto a él en el vacío. Bien se sabe que, una vez se caiga en las garras de la precariedad, difícilmente saldrás de ella; las defensas disponibles no sirven, y "Una persona que haya integrado semejante visión del mundo, en la que se incluyen la inseguridad y la vulnerabilidad, recurrirá de forma rutinaria (incluso en ausencia de una amenaza auténtica) a respuestas propias de un encuentro cara a cara con el peligro" (2015: 12). Lacie, de esta forma, sorteará el obstáculo huyendo de su ya excompañero en las siguientes escenas; y en su continuo intento de escalada de posición, publicará en la oficina a través de las redes sociales un antiguo peluche con el fin de llamar la atención de su popular amiga de la infancia, Naomi, un trazado plan que surte su deseado efecto.

Figura 3: *la amiga perfecta*

Gracias a esta táctica, tras una efímera y superficial conversación, es invitada a a la boda de su antigua exitosa amistad, siendo la encargada de un emotivo discurso que dará en la celebración, que cuenta con invitados de alto standing y que, por lo tanto, la puede llevar a lo más alto. Una tarea que es minuciosamente ensayada ante la mirada atónita del hermano de Lacie, que no posee ese afán por la buena puntuación y se burla de ella por asistir a la boda de una persona que la humilló en su infancia. Unas malas acciones que ella niega o relativiza para no sentirse mal consigo misma ante ello. También justificando su sacrificio por el bien mayor que pretende conseguir: la más alta puntuación y el hogar de sus sueños. Sin embargo, hay que recordar que "Todas las victorias modernas líquidas son [...] temporales. La seguridad que ofrecen no perdura más allá del equilibrio de poder del momento, que se prevé tan efímero como todos los equilibrios" (Bauman y Donskis, 2015: 69). Así que esa felicidad que irradia la protagonista ante vislumbrar la meta de su vida se empieza a difuminar rápidamente con las primeras malas puntuaciones por varios golpes de mala suerte: derramar, por un simple descuido, el café de una vecina, perder un taxi por llegar tarde a la parada y caer en desgracia ante un taxista al que no le gusta su sonrisa ensayada. Tres golpes de mala fortuna que hacen que le baje la puntuación de un 4.2 a un 4.183; lo suficiente para que, ante la cancelación de su vuelo, no le sea reemplazado el billete por otro; una situación que le hace perder los nervios levantando la voz a la dependienta, acción que es castigada gravemente: un punto menos y doble castigo (es decir, cada vez que sea penalizada se le bajará la puntuación por partida doble). En definitiva, convertida en sujeto precario, será (mal)atendida como tal y solo dispondrá de un coche de baja gama para llegar a su lugar de destino; un vehículo que no cumplirá su fin, teniendo que depender de la ayuda de los sujetos que se encuentre en la carretera para poder llegar a su destino. Aquí en este período se podrá reconocer que, una vez que te encuentres en la espiral de la precariedad, difícilmente podrás salir de ella.

Figura 4: *en la espiral de la precariedad*

Esta sucesión de eventos hará que le sea retirada la invitación a la boda: pues como le dice su amiga, "un 2.6 no puede venir [...] un antiguo vínculo con esa puntuación [4.2.] funcionaba de maravilla en las simulaciones"; ahora, Lacie es un sujeto precario que solo perjudicaría su estatus. No siendo extraño teniendo en cuenta lo anteriormente mencionado, estando la sociedad insertada en una lógica de mercado donde "todos somos consumidores de mercancías, y las mercancías se han hecho para el consumo; [y] puesto que todos somos mercancía, estamos obligados a crear una demanda para nosotros mismos" (Bauman y Donskis, 2015: 41). Productos con un valor que deben resultar apetecibles, sin vínculos sociales que los aten, pues

> La variedad moderna líquida de adiaforización se moldea a partir del patrón de la relación consumidor-mercancía [...] Como consumidores, no juramos una lealtad inquebrantable al producto que buscamos, y compramos para satisfacer nuestras necesidades o deseos, y seguimos usando sus servicios mientras siga cumpliendo nuestras expectativas, o hasta que encontramos otro producto que promete satisfacer los mismos deseos más minuciosamente que el adquirido con anterioridad (2015: 26).

De este modo, la protagonista acaba finalmente sin ningún valor en la red, en el borde del precipicio, y ya una vez que se encuentra con toda la esperanza perdida decide precipitarse en caída libre soltando el lastre acumulado durante los años, infintrándose en la celebración de la boda y diciendo todas las verdades calladas, ganándose un arresto y, consecuentemente, la expulsión del sistema; yéndose de él, paradójicamente, con la primera sonrisa verdadera que se puede ver en *Nosedive*.

Figura 6: *caída en picado*

3. Discusión de un distópico espejismo

> *Es un mundo que ha dejado de controlarse a sí mismo (aunque pretende controlar obsesivamente a los individuos), un mundo que no puede responder a sus propios dilemas y aliviar las tensiones que ha sembrado (Bauman y Donskis, 2015: 13).*

Black Mirror, y específicamente *Nosedive*, refleja un mundo que ha dejado de sonreir: las momentáneas satisfacciones que se puedan alcanzar no logran satisfacer las expectativas en mente; pero ¿acaso es posible obtener un estado de felicidad en ese sistema? Una organización de mercado que ha sido descrita como impersonal, que comercia con todo sujeto según su valor, efímero y precario, y siempre fluctuante de cambios. Es decir, la organización no promete, ni puede hacerlo, que una vez que consigas el máximo valor este sea permanente: la precariedad siempre está al acecho, y ella es la que alcanza a la protagonista a pesar de sus innumerables esfuerzos. Así se corrobora que "La oportunidad de tener miedo son de las pocas cosas de las que nuestra época actual [y la reflejada en *Nosedive*], tan carentes de certeza, garantías y seguridad, no anda escasa" (Bauman y Donskis, 2015: 33).

En esta línea, de acuerdo con Barraycoa, uno de los atractivos de esta distópica serie es que pueda servir como instrumento de reflexión y no quedarse simplemente en un "atractivo producto cultural" (2012: 22), y en *Nosedive* existen diversos elementos sobre los que meditar. En primer lugar, la conversión del ciudadano a producto-consumidor: una categorización insertada en el capitalismo hedonista como lo denomina Lipovetsky (1998; 2006) o en la modernidad líquida según la catalogalizacion de Bauman (2009). Una organización social que se caracteriza por la ausencia de valores sociales y por la inyección de una sedacion ética que priva a los sujetos de sentir empatía hacia los demás; así, en una lógica de consumo, todo posee su inestable precio. En el caso de Lacie el sistema se ha cobrado, entre otros montos, su salud mental; pues la protagonista, desquiciada una vez que ha comprendido que todos sus esfuerzos han sido en vano, decide cesar su actividad y dejar el intento de agradar. Una acción que como mercancía que es consigue su retirada al almacén. A propósito de este razonamiento, cabe mencionar que la lógica consumidor-trabajador es imperante en la dinámica neoliberal de nuestros tiempos: todos somos, antes que nada, consumidores. De esta forma, el concepto de consumidor ha sustituido el término de ciudadano, e incluso el de trabajador en sus últimas consecuencias. Una condición que se manifiesta en las noticias referidas a los asuntos laborales, sirva como ejemplo aquellas que se pronuncian sobre las huelgas; ¿cuántas de ellas exponen detalladamente las causas de ellas? Lo primordial suelen ser los daños al consumidor que, en esta mecánica, se enfrenta al consumidor-trabajador para que les ofrezca sus servicios tan ílicitamente arrebatados. Es decir, no interesa mencionar las posibles injustas condiciones laborales del sujeto, en este mundo mercantilizado lo importante es ofrecer productos-servicios sin importar las condiciones. Por otra parte, los consumidores-trabajadores entran en una espiral de precariedad de la que difícilmente podrán escapar. Al igual que se demuestra con la protagonista, Lacie, y con su antiguo compañero de trabajo, Chester; una vez etiquetados como precarios, serán evitados y repudiados por todos los demás, pues

> La sociedad individualizada está marcada por la dilapidación de los vínculos sociales, el cimiento mismo de la acción solidaria. También destaca por su resistencia a una solidaridad que podría hacer duraderos (y fiables) esos vínculos sociales (Bauman y Donskis, 2015: 35).

Contra la inestabilidad todos están desprovistos de defensas: no se puede hacer nada, y por ello, es mejor no pensar en ese oscuro bucle; ante ello, una salida de escape podría ser esa continua aparición en las redes sociales. En este espacio virtual los sujetos no se encuentran aislados, además, encuentran en la red unas superficiales satisfacciones: un cúmulo de *likes* que aumenten su lastimada autoestima. En *Nosedive* las redes sociales y su ranking te permiten directamente acceder a todos los servicios: debes participar en ellas para conseguir óptimas prestaciones. Así parece deducirse de Lacie, que hizo todo lo posible por permanecer en el sistema con el fin de conseguir la casa de sus sueños. En el lado contrario se encuentran los personajes que decidieron no participar en él: su hermano, al que parece ser la vida le va bien a pesar de no querer participar en las redes, y Susan, una camionera con una puntuación de 1.4 que le prestó su ayuda (por cierto, la única en ofrecerse para ello) para asistir a tiempo a la ceremonia; una mujer que, tras la muerte de su marido por no alcanzar la puntuación necesaria para un tratamiento de cáncer, decidió ir contra las normas establecidas. Entonces, las nuevas tecnologías juegan en este capítulo un papel central en todos los aspectos de la vida cotidiana, incluso llegando a ser un aspecto de vida o muerte, pero ¿son las TIC malévolas *per se*? En este punto cabe señalar el estudio de Hernández-Santaolalla y Hermida (2016) sobre los capítulos *The Entire History of You* (1x03) y *White Bear* (2x02) de esta misma serie; tras cuyo análisis los autores concluyen que las tecnologías no son perversas por sí mismas, sino que todo depende del uso que se haga de ellas, pues estas pueden usarse, por ejemplo, para denunciar al poder establecido (2016: 56). De modo que, tal como argumentan Bauman y Donskis: "Los orígenes de nuestra vulnerabilidad son, pues, de índole política y ética" (2015: 128) y no una fragilidad tecnológica. El problema que acucia nuestro tiempo abarca un mayor espacio: es el sistema económico capitalista, una economía egoísta que traspasa a lo social y que, para lograr que esta distopía no se transfiera a la realidad, se deberían revertir sus acciones.

Figura 7: *tweet cuenta oficial de Black Mirror*

Referencias bibliográficas

Barraycoa, J. (2012). El imaginario social del control mediático y tecnológico: la distópica Black Mirror. Actas IV Congreso Internacional Latina de Comunicación: Universidad de la Laguna. Disponible en https://dialnet.unirioja.es/servlet/articulo?codigo=4225736

Bauman, Z. (2009). Modernidad líquida. Fondo de Cultura Ecónomica: México.

Bauman, Z. (2013). Miedo líquido. La sociedad contemporánea y sus temores. Paidós: Barcelona.

Bauman, Z. y Donskis, D. (2015). Ceguera moral. La pérdida de sensibilidad en la modernidad líquida. Barcelona: Paidós.

Bauman, Z. y Lyon, D. (2013). Vigilancia líquida. Paidós: Barcelona.

Cordero, G. (2018). Black Mirror, quinta temporada: todo lo que sabemos de los próximos capítulos. Esquire (6 de marzo de 2018). Sitio web disponible desde: https://www.esquire.com/es/actualidad/tv/a19127115/black-mirror-quinta-temporada-netflix-estreno-trailer/

Foucault. M. (1994). Vigilar y castigar: nacimiento de la prisión. Siglo Veintiuno: Madrid.

Hernández-Santaolalla, V. y Hermida, A. (2016). Más allá de la distopía tecnológica: videovigilancia y activismo en Black Mirror y Mr. Robot. Index Comunicación, 6(2), 53-65.

Lipovetsky, G. (1998). La era del vacío. Ensayos sobre individualismo contemporáneo. Anagrama: Barcelona.

Lipovetsky, G. (2006). Los tiempos hipermodernos. Anagrama: Barcelona.

Maffesoli, M. (2009). Iconologías. Nuestras idolatrías postmodernas. Península: Barcelona.

Capítulo IV

FICCIÓN TELEVISIVA Y CONTRAHEGEMONÍA: ANÁLISIS DE *LA CASA DE PAPEL* Y *VIS A VIS*

Sara Rebollo-Bueno

1.Introducción

En la actualidad, hay una amplia oferta de series de ficción, dando la oportunidad a los receptores de elegir entre un variado repertorio. Las series de televisión son productos culturales que ayudan a crear un acercamiento y a abordar el desarrollo del pensamiento reflexivo. Esto se debe a la facilidad que dan para presentar situaciones, acciones y personajes muy semejantes a los que se pueden encontrar en la vida cotidiana de los receptores, pudiendo generar debates y reflexiones sobre las acciones de los personajes y, por ende, de las personas y de ellos mismos. Las series se convierten en referentes para la sociedad, las cuales ayudan a su audiencia a comprender situaciones cotidianas que, incluso, no han llegado a vivir, por lo que además promueve el aprendizaje (Lozano, Gavilán y Barba, 2017). "Las nuevas series de televisión, conjugan calidad, diversidad temática, una estructura del relato por entregas, distintos canales de distribución y consumo y personajes muy atractivos que generan empatía con el público" (Nicolás-Gavilán en Lozano, Gavilán y Barba, 2017, p.155). *La Casa de Papel* y *Vis A Vis* son dos ejemplos de series de televisión que se han convertido en dos productos culturales españoles muy conocidos y relevantes de estos últimos años.

La Casa de Papel es una serie de televisión que fue emitida por primera vez en 2017 y cuyo creador es Álex Pinar. Esta serie se emitió a través de Antena 3 Televisión, siendo su productora Vancouver Media/Atresmedia. Este producto cultural puede clasificarse dentro del género de thriller, robos y atracos, debido a que cuenta la historia del robo a la Fábrica Nacional de la Moneda y Timbre de España. Debe mencionarse que está formada por dos temporadas, la primera tiene nueve episodios y la segunda seis, haciendo un total de quince capítulos. Cabe destacar que se ha confirmado el lanzamiento de una tercera temporada en 2019. *La Casa de Papel* obtuvo un total de cinco nominaciones en los premios Feroz de 2017, incluyendo "Mejor Serie Dramática" (Filmaffinity, 2018).

Por otro lado, *Vis A Vis* es una serie de televisión cuyo primer capítulo fue emitido en 2015 por Antena 3 Televisión. El creador de esta historia es Iván Escobar y la productora Globomedia. Al igual que *La Casa de Papel*, este producto cultural puede incluirse dentro del género denominado thriller, debido a que cuenta un drama que sucede en la cárcel de mujeres (drama carcelario), Cruz del Sur en España. Esta serie cuenta con tres temporadas, la primera con once capítulos, la segunda con trece y la tercera con ocho. La cuarta se espera su emisión en 2019, pero han aventurado que estará compuesta por otros ocho capítulos. *Vis A Vis* fue nominada a mejor ensamble actoral en los Premios Fénix de 2017 y obtuvo cinco nominaciones en los premios Feroz de 2016, incluyendo el de mejor serie dramática (Filmaffinity, 2018).

Ambas series han sido colmadas de gran éxito y popularidad, no solo en España, país de origen de ambas, sino a nivel internacional y así lo recogen numerosos medios de comunicación. Se exponen a continuación dos ejemplos:

- *The Guardian* le dedicó un artículo a *Locked Up (Vis A Vis)* denominándola el mayor éxito televisivo de España *("Why Locked Up has become Spain's biggest breakout TV hit 'This prison drama has the feel of luxuriating in creative freedom")* (Lawson, 2018).

- *La Vanguardia* también le dedico un artículo a *La Casa de Papel* alabándola: *"La Casa de Papel* es la serie de habla no inglesa más vista de la historia de Netflix" (La Vanguardia, 2018).

Por lo tanto, *La Casa de Papel* y *Vis A Vis*, son dos productos culturales de gran relevancia en el panorama de las series españolas, ambas emitidas por los canales de Atresmedia, excepto la tercera y la futura cuarta temporada de *Vis A Vis* que pertenecen a Fox España. Además, dentro de la relevancia que estas series ostentan, se debe destacar la coincidencia de que ambas presentan un tipo de relato diferente, el cual altera el orden de buenos y malos. Sin embargo, para poder afirmar si estas series perpetúan o no el *statu quo* de la sociedad, se desarrolla en este capítulo un análisis del discurso que combina tanto el análisis del texto serial como el análisis del contexto, intentando profundizar en la idea de la estructura de la información.

2.La importancia de la empatía y el cambio de roles

El discurso televisivo que se puede encontrar en las pantallas de los espectadores se basa en un tipo de relato que, por un lado, ofrece un espejo donde los receptores y su realidad se reflejan, mostrando datos, situaciones, personajes, etc. de la vida cotidiana. De hecho, podría definirse como una herramienta para la representación, aunque el espectáculo tiene un gran peso.

Sin embargo, dicho espectáculo, en la mayoría de los casos, se crea alrededor del contexto y ambiente social en el que los espectadores se desenvuelven (Bonaut Iriarte y García López, 2010). En el caso de *La Casa de Papel* se expresa el descontento por el ambiente social y político que hay en España en la actualidad, utilizando como escenario un edificio que tiene gran importancia para el sistema económico y político del país. En *Vis A Vis* se vuelve a mostrar una opinión negativa sobre el ambiente social y político, pero en este caso el escenario es una cárcel. Por tanto, en ambos productos de ficción se da en primera instancia una visión negativa del sistema político y económico.

En el discurso televisivo, hay una relación patente entre los receptores y los emisores, los cuales estos últimos pueden ser instituciones, organizaciones, etc. relacionados con el producto cultural que se expone. No obstante, esta interacción no se da de forma uniforme y equilibrada, sino que la cantidad y la forma de producción de ambas partes no es equitativa, debido a que solo una de ellas, el emisor, es decir, las instituciones, llega a la fase de creación. Estas instituciones, en la mayoría de los casos, son los medios de comunicación de masas, los cuales tienen la capacidad y el objetivo, en muchas ocasiones, de generar y crear productos culturales que tengan un discurso preponderante que labra y modela la vida cotidiana de los receptores (González Requema en Bonaut Iriarte y García López, 2010).

En *La Casa de Papel* y *Vis A Vis*, el medio de comunicación que retransmite los episodios y las temporadas de dichas series y, en gran parte, también crea el relato es Antena 3 Televisión, exceptuando la tercera y futura cuarta temporada de *Vis A Vis* que pertenecen a Fox España. Antena 3 Televisión, pertenece a Atresmedia, una empresa de comunicación, en la que se profundizará posteriormente.

> Toda narración, todo relato, es dirigido. El programa involucra al espectador. Un relato en el que el público es también participante, tiene poder de decisión. Así, no se trata sólo de que al receptor le agrade lo que percibe, sino de que se identifique con los personajes y los ambientes que se plasman; el objetivo del discurso televisivo posmoderno es que el televidente se proyecte en la narración misma (2010: 128).

Por tanto, estos productos culturales de ficción audiovisual ayudan a generar empatía entre los personajes y los receptores, gracias a la identificación que se genera. "Las audiencias se identifican con los personajes y sienten empatía con ellos, lo que lleva a una experiencia emocionalmente significativa" (Igartua y Paez en Lozano, Gavilán y Barba, 2017: 155). Esta intencionalidad de generar empatía puede percibirse durante todo el transcurso de ambas ficciones, pero hay algunos puntos clave que deben destacarse, puesto que ayudan al receptor a sentirse uno más del relato ficcional. En *Vis A Vis* una de las acciones que más ayuda a la identificación y empatía con el receptor es el documental que hacen las presas durante toda la serie, se trata de que, saliendo por un momento de la trama, ellas miran a cámara y expresan lo que sienten, cómo se sienten y lo que les gustaría hacer. Gracias a esta especie de documental las presas explican su historia, el cómo han llegado allí, e incluso sus deseos, en muchos casos puede llegarse a justificar el hecho de que estén presas. Un ejemplo de esto es el caso de Soledad Núñez, quien quemó y mató a su marido tras muchos años de maltrato, humillaciones y vejaciones, ella misma afirma ser culpable, pero recalca en numerosas ocasiones que se siente más libre en la cárcel que todos esos años con su marido. Por tanto, el documental es una herramienta para generar empatía haciendo que las presas, que normalmente hubiesen sido clasificadas como "las malas" en los productos culturales, sean entendidas por los receptores. En numerosas ocasiones se utiliza como alegato contra el sistema, por ejemplo, en la primera temporada varias presas, Soledad Núñez y Teresa, afirman la posición privilegiada de los corruptos en la cárcel y que el dinero lo arregla todo: *"tendríamos que salir nosotras y entrar ellos"*, *"ellos no están como yo aquí (...) somos pobres pues a pringar y a putearnos"*, *"¿tú crees que si alguno de ellos necesita un corazón como necesito yo, tú crees que no se lo iban a dar, crees que no lo pueden pagar?"* (Temporada 1, episodio 7). Esto ayuda a poner el foco de "los malos" en otro punto más alto, en el sistema y los que lo manejan, no el de las presas que sufren los privilegios de las clases altas, igual que el receptor.

En *La Casa de Papel*, también hay numerosas ocasiones en las que se ayuda a que el receptor se identifique con los personajes. Sin embargo, una acción que debe señalarse es la crítica constante al sistema económico y político que hay en España, siendo el motor del atraco como deja patente El Profesor en varios episodios. Esta información unida a las continuas noticias y casos sobre corrupción, prevaricación, fraude fiscal, etc. a los que los receptores están expuestos cada día y que además aparecen en el relato, ayuda a sentir esa identificación con los personajes, volviendo a definir a "los malos" como el sistema y las personas que a él pertenecen, como por ejemplo algunos corruptos, que están por encima de todos, tanto de los personajes (ladrones) como del espectador que está en su casa viendo esta serie. Debe destacarse que, en *La Casa de Papel,* es mucho más evidente este cambio de roles y su intención de empatía, debido a que El Profesor planea esto en la propia serie para los ciudadanos españoles que viven el atraco desde fuera. Él idea el plan entorno a esta idea.

3.Hegemonía/Contrahegemonía

Este cambio de los roles entre buenos y malos, ayuda a reivindicar ciertos valores o sentimientos y, para poder profundizar más en el análisis de estas series, se deben explicar algunos conceptos y ponerlos en relación con estos productos culturales de ficción.

El concepto de "hegemonía", desarrollado por Antonio Gramsci (De Moraes, 2010), tiene un papel importante para el análisis que se expone. Este hace referencia al predominio de una parte de la sociedad sobre las demás, es decir, teniendo en cuenta la diversidad que caracteriza a la sociedad, hay un sector que se posiciona como el dominante y se impone ante el resto (Alapin y Mariani, 1998).

> "Según el estudio de Gramsci, el Estado se compone de una superestructura y se caracteriza por la combinación de la sociedad política y la sociedad civil, trabajando juntos a través de la población, respectivamente, de la responsabilidad de la coacción y el consenso. La sociedad política (…) está formado por el aparato represivo del Estado, identificados por la policía, la burocracia y la justicia. Su objetivo principal es mantener la dominación y la protección de la legitimidad del Estado. A su vez, la sociedad civil tiene el objetivo principal de proporcionar directrices de política para la clase dominante. Es que le da legitimidad y el consenso, a través de sus aparatos privados de la hegemonía, como los sindicatos, los medios de comunicación y las normas de conducta" (Nery, 1989: 2).

Ante esto, puede afirmarse que el concepto de hegemonía gira entorno a dos partes esenciales: el poder dominante y las clases subalternas, es decir, aquellas que están bajo el poder del sector dominante. Para que esta jerarquía y sistema funcione, se necesitan herramientas con las que difundirlo e imponerlo, entre estas los medios de comunicación juegan un papel importante. Como menciona el autor Nery (1989) es imposible entender un aparato hegemónico ideológico-político sin que la comunicación sirva como hilo conductor y enlace con la sociedad, debido a que ayudan a legitimar las acciones de la clase dominante ante la sociedad civil. Dicho autor hace referencia a la importancia de la comunicación de masas por su papel en la formación y difusión de valores ideológicos.

Según la Escuela de Frankfurt, la industria cultural y los capitalistas culturales se beneficiaban de la transmisión de productos estandarizados, los cuales generaban atención y atracción al público de masas. Asimismo, estos productos promueven y refuerzan la ideología de la clase dominante (Corominas en Herrera, 2004). Herrera (2004) afirma que estudiosos de las industrias culturales llegan a definir a los medios de comunicación cómo el primer poder de la sociedad y no el cuarto, debido a su relevancia en el sistema, y la necesidad que tiene este de su existencia. Esta radica en la reproducción de productos culturales que tratan de ir formando las actitudes, debido a que siendo estas más similares, el mantenimiento del poder dominante es más fácil. Por tanto, los productos culturales como las series de televisión ayudan a generar actitudes en los receptores, como se dijo anteriormente, por la empatía que generan en la audiencia. Asimismo, se debe destacar que los medios de comunicación, entre ellos las series de televisión, ayudan a incentivar y fortalecer ideologías, normalmente la predominante, consolidando así la hegemonía existente.

Lo que se ha definido como hegemonía condiciona las fuerzas de la conformidad o disconformidad por las que se rigen los medios de comunicación, funcionando como un filtro. Esto provoca que la clase dominante interfiera en la formación y el desarrollo del imaginario social y en el concepto de poder de los receptores. De hecho, la hegemonía busca un consenso social sobre el liderazgo cultural y político-ideológico de un sector de la sociedad sobre otro y, normalmente, de una clase sobre otras (De Moraes, 2010). Por lo tanto, los medios de comunicación y, por ende, los productos culturales que estos generan como las series de televisión son herramientas para mantener y consolidar el *statuo quo* conforme a la hegemonía. En los años 50 ya se vislumbraron las primeras propuestas y sugerencias acerca de que la televisión sería un medio de gran relevancia para la transmisión de conocimientos e ideas a los receptores y a la sociedad en general (Hilliard y Linz en Lozano, Gavilán y Barba, 2017).

Como afirman los autores Alapin y Mariani (1998) los modelos hegemónicos no pueden ofrecer e imponer todos los significados y valores que les convienen de forma uniforme y en beneficio propio a toda una sociedad. Ante esto, es necesario que se generen ciertas alternativas consentidas, las cuales pueden transformarse a lo que se denominaría como manifestaciones contrahegemónicas.

> La hegemonía es entendida (...) como un proceso de dirección política e ideológica en el que una clase o sector logra una apropiación preferencial de las instancias de poder en alianza con otras clases, admitiendo espacios donde los grupos subalternos desarrollan prácticas independientes y no siempre 'funcionales' para la reproducción del sistema (Canclini, 1984: 72).

Este mismo autor, Canclini (1984), afirma que estas manifestaciones contrahegemónicas podrían llegar a producir un cambio de roles, desplazando al sector dominante. La formación de lo hegemónico no se da de forma espontánea, sino que es un sector o sectores sociales quienes se encargan de formarlo. Todo esto, gracias a relaciones y alianzas, normalmente, con órganos colectivos como partidos políticos, sindicatos, círculos culturales, grupos de interés, medios de comunicación, entre otros (Alapin y Mariani, 1998).

Los medios de comunicación no son los únicos con los que cuenta la hegemonía para difundir su ideología y buscar apoyos en la sociedad, sino que también existen otras herramientas como los partidos políticos, los sindicatos, las asociaciones, la escuela o la Iglesia (De Moraes, 2010). Debe mencionarse que Gramsci (en Alapin y Mariani, 1998) afirma que un grupo obtiene dicha hegemonía gracias a un liderazgo moral, político e intelectual sobre los grupos subordinados. De hecho, tratan de hacer que los intereses del sector dominante se extrapolen y pasen a ser los intereses de toda la sociedad, gracias a las herramientas ya mencionadas. Del mismo modo, a cambio de la subordinación al poder dominante, este admite algunas licencias de intereses de otras clases o sectores de la sociedad.

Por lo tanto, la existencia de ápices heterogéneos, es decir, de ciertas licencias de las clases subalternas, ayuda a que la perspectiva de oportunidades de los receptores sea mayor y acabe repercutiendo positivamente en el mantenimiento de la hegemonia. De hecho, la clase dominante tiene la capacidad de intimidar y dirigir al resto de fuerzas heterogéneas gracias al poder de sus ideas y sus herramientas políticas (Alapin y Mariani, 1998). En el caso en el que la tensión entre las fuerzas heterogéneas avance y se salga de lo marcado o esperado por la fuerza dominante, podría "explotar" y generar una crisis en la propia ideología dominante que lleve a la sociedad a su rechazo (De Moraes, 2010). Debe señalarse, que, aunque la existencia de esta variedad es beneficiosa y positiva para la hegemonía, debe tenerse en cuenta que cuanta menor variedad haya y más controlada se encuentre, será más fácil para el poder dominante ejercer el control social (Barrios en Herrera, 2004).

Ante el beneficio que el poder dominante obtiene por la visión de diversidad que genera a las clases subalternas, puede darse el caso de que ciertos mensajes, situaciones, acciones o productos culturales que podrían enmarcarse y clasificarse como contrahegemónicas están reforzando la propia hegemonía y por tanto al poder dominante (Alapin y Mariani, 1998).

> En la medida en que la hegemonía no es simple dominación, admite que las clases subalternas tengan sus propias instituciones (sindicatos, partidos) y redes de solidaridad. Dado que la clase hegemónica y el Estado no pueden incorporar a todos los sectores a la producción capitalista ni proporcionar bienes y servicios suficientes para su reproducción material y simbólica, deben aceptar que parte del pueblo establezca formas propias de satisfacer sus necesidades. A veces, el Estado o las empresas privadas logran apropiarse de una segunda instancia de la producción popular y subordinarla a sus estrategias (por ejemplo, las artesanías y fiestas indígenas convertidas en folklore para incentivar el turismo); en otros casos, los productores populares se desarrollan independientes del poder y éste no puede más que admitir su existencia paralela (Canclini, 1984: 73).

4.El capitalismo como sistema dominante

En la actualidad, el capitalismo y la clase social que lo mantiene activo y en desarrollo, incluyendo los sistemas políticos y económicos que de este derivan, se clasifican como el sector dominante, donde la hegemonía actual es la existencia del dominio de las clases privilegiadas creadas por el capitalismo sobre el resto de las clases subalternas. De forma que el capitalismo sería el sistema e ideología que los medios de comunicación de masas, incluyendo series de televisión, deben apoyar e intentar mantener su permanencia. Asimismo, al tratarse de empresas de comunicación se encuentran dentro del propio sistema capitalista, el cual les ofrece numerosas ventajas, sobre todo económicas, si este sigue desarrollándose. De este modo, el autor Herrera (2004) deja patente en su estudio que los medios de comunicación tienen un papel relevante en la actual sociedad capitalista, debido a que trata de generar y endurecer la ideología dominante y, además, la conducta de consumo en los receptores.

Cabe mencionar que desde mitad de los años 90 los casos de corrupción han sido parte de la agenda pública española, siendo un tema con el que los receptores están en constante contacto. De hecho, se trata de un porcentaje elevado de españoles los que consideran que el mundo político y, por ende, el sistema en el que se encuentran está relacionado con una corrupción generaliza (Jiménez y Villoria, 2008). Esta percepción hace que la visión de la clase dominante se deteriore y genere, en muchos casos, descontento por parte de la población.

La Casa de Papel se presenta como un producto cultural que critica el sistema capitalista, la clase dominante, gracias a un cambio de roles, señalándolos a ellos (políticos y corruptos) como "los malos" y a las clases subalternas, los ladrones en este caso, como "los buenos". El propio Profesor deja claro durante la serie que el mayor robo de la historia no lo harán a la población, no es dinero de nadie, solo del sistema por eso se realiza a La Fábrica Nacional de Moneda y Timbre. Asimismo, en esta serie hay una crítica constante a las clases dominantes y todo el sistema que generan, poniendo a la policía y al C.N.I. como los "malos" y, en muchas ocasiones, como incapaces e inútiles de parar lo que sucede, y a los secuestradores como "los buenos" e inteligentes (la mente maravillosa de El Profesor consigue burlar todas las trabas del sistema). Esto puede vislumbrarse durante todo el relato, pero hay algunas acciones relevantes que pueden ser nombradas para entender dicho cambio de roles.

Un primer ejemplo es que todos los secuestrados tienen miedo y apenas pueden hacer nada. Sin embargo, hay un personaje, Arturo, que constantemente está engatusando, engañando y poniendo en peligro al resto de compañeros para salir, incluso llega a vender a sus compañeros que estaban fugándose (una fuga que él mismo preparó). Arturo no es un rehén normal, sino que es el director, el jefe de La Fábrica Nacional de Moneda y Timbre, el mayor responsable y se le describe y presenta como la peor persona y la que más problemas da de todos los secuestrados. Probablemente, el personaje más cercano al sistema que está de rehén.

Por otro lado, la representación del C.N.I. (Centro Nacional de Inteligencia) que trabaja en el caso junto a la Policía Nacional también es negativa. De hecho, en primer lugar, quieren entrar a la fuerza, sin importarles que puede ocurrir. Además, trata con desprecio y sexismo en algunas ocasiones a Raquel. Asimismo, lo único que le importa es sacar a Alison Parker, la hija del embajador de Inglaterra, llega a presionar a Raquel para que acepte sacarla solamente a ella, antes que al resto de adolescentes que hay encerrados. Esto tiene la intención de mostrar que la vida de una persona perteneciente a la clase dominante vale más que la de otras muchas personas de otras clases.

Además, en los últimos capítulos de la serie sucede algo de gran relevancia. Se trata de la decisión final de Raquel de buscar al Profesor. Una persona del sistema, policía que quería acabar con el secuestro dentro de las normas del sistema, que se describe como la más "buena" dentro de todo el entramado policial debido a que, por ejemplo, su exmarido es un presunto maltratador o su compañero Ángel un acosador (ambos trabajan para la policía). Sin embargo, Raquel al final, gracias al Profesor, se da cuenta de que tiene cambiado los roles y que ellos no son los buenos, sino los ladrones, y al final de la serie busca al Profesor, dejando ver a los espectadores que ellos llevaban razón y no el sistema.

Es de gran relevancia mencionar que la canción utilizada por El Profesor y el resto de los secuestradores es *Bella Ciao*. Se trata de un cántico italiano utilizado por los grupos de la resistencia al fascismo, es un canto que identificaba al proletariado rebelde que luchaba contra el régimen dictatorial. Muchos lo han definido como un canto a la libertad. Cabe mencionar que ha pasado fronteras utilizándose en varios actos como el recordatorio de los asesinatos a de *Charlie Hebbo* de 2015 (Caspistegui, 2016). En este caso se utiliza como canto contra los políticos corruptos y la situación del país, es decir, contra el sistema.

Por último, aunque hay muchas más acciones relevantes que ayudan a generar el cambio de roles entre buenos y malos, el acto más importante y claro se da al final de la propia serie, cuando El Profesor le explica a Raquel sus razones para hacer lo que ha hecho. A continuación, se expone el discurso que da:

"¿Por qué no me quieres oír, Raquel? ¿Porque soy de los malos? Te han enseñado a verlo todo en concepto de buenos y malos. Pero esto que estamos haciendo nosotros sí que te parece bien si lo hace otra gente. En el año 2011, el Banco Central Europeo creó de la nada 171.000 millones de euros de la nada. Igual que estamos haciendo nosotros. Sólo que a lo grande. 185.000 en el 2012, 145.000 en el 2013 ¿y sabes a dónde fue a parar todo ese dinero? A los bancos. Directamente de la fábrica a los más ricos. ¿Dijo

*alguien que el Banco Central Europeo fuera un ladrón? Inyección de liqui-
dez, lo llamaron. Y lo sacaron de la nada, Raquel. ¡De la nada! (coge un
billete y lo rompe) ¿Qué es esto? Esto no es nada, es papel, ¿Lo ves? Es
papel. Estoy haciendo una inyección de liquidez. Pero no a la banca. La
estoy haciendo aquí, en la economía real de este grupo de desgraciados
que somos. Para escapar de todo esto. ¿Tú no quieres escapar?"* (Temporada 2, episodio 6).

Este discurso deja claro que los secuestradores van en contra de la corrupción y del sistema que hay en la actualidad, poniendo números y situaciones
reales que se han dado en España en los últimos años. De hecho, dice claramente la definición y diferencia que la clase dominante suele hacer entre
buenos y malos y que este producto cultural de ficción está haciendo una
crítica a esa clasificación.

Por otro lado, en *Vis A Vis* también hay una inversión de los papeles entre
buenos y malos y, por ende, una visión negativa del poder dominante y hegemónico. Esto se ve en diferentes circunstancias en el transcurso del relato, siempre reflejado en los funcionarios de prisión y la policía como poder dominante, hacen que se cumpla y legitime lo que el sistema ordena, y
las presas, como las clases subordinadas a dicho estrato. Debe destacarse
que el autor Nery (1989) señalaba como parte de la sociedad política al Estado represivo que se identifica, entre otros, en la policía y la justicia. Esta
inversión de los roles de los personajes puede vislumbrarse en diferentes
situaciones, acciones y personajes durante el trascurso del relato, algunos
ejemplos se mencionan a continuación.

Para comenzar debe señalarse a dos de los funcionarios, extensiones del
poder dominante dentro de la cárcel, tienen un comportamiento deleizna-
ble. Sandoval, médico de la cárcel, abusa sexualmente de las presas a cambio de "beneficios", como darles móviles o tabaco. De hecho, este personaje
llega a violar a una presa, Saray Vargas, y dejarla embarazada. Valbuena,
funcionario de la prisión, trata vejatoriamente y con repugnancia a todas
las presas, como si no fuesen personas, llegando, también, a violar a una de
ellas, Estefanía Kabila ("Rizos") y comprar su silencio con regalos.

Además, como se mencionó anteriormente, el documental que realizan las
presas ayuda a mostrar y justificar los sentimientos más profundos de las
presas, generando en ellas un halo de bondad y empatía. Ejemplos son la
situación de Tere con las drogas, Soledad y la violencia machista que la llevó
a la desesperación y a la cárcel, la situación de Antonia y su hija o la de Saray
Vargas y su familia.

Destaca el cambio de actitud de la directora de Cruz del Sur, Miranda, la
cual era comprensiva y ayudaba a las presas todo lo que estaba en su mano.
Sin embargo, cuando sus superiores y financiadores de la cárcel critican su
método, ella cambia radicalmente y quita muchos derechos a las presas,

tratándolas de forma mucho más dura. Esta situación obedece a que quien tiene el dinero tiene el poder (sistema capitalista), lo cual se nombra en numerosas ocasiones durante la serie.

La policía, encarnada sobre todo en la figura del inspector Castillo, tiene una postura muy dura con las presas, aunque en la tercera temporada esta se suaviza y se convierte en un apoyo. En las dos primeras temporadas miente y vende a Macarena ante el juez, diciendo mentiras sobre ella, llega a agredir a Zulema y a torturar con interrogatorios, incluso saltándose la ley. Todo esto unido a constantes faltas de respeto y desprecio. No obstante, este personaje evoluciona, posicionándose un poco más al lado de las reclusas y diferenciándose más del sistema. De hecho, en la tercera temporada llega a afirmar que a la fiscalía no le importa absolutamente nada la vida de una reclusa, señalando directamente al sistema como culpable de la situación que se está produciendo en la cárcel.

Cabe mencionar que, en la tercera temporada, los funcionarios de Cruz del Norte son corruptos, desde algunos que mantienen sexo a cambio de beneficios con las reclusas, aprovechándose de su situación de superioridad, hasta otros funcionarios que hacen la vista gorda cuando algunas reclusas van a matar a alguien, debido a que estas le pagan por ello. Esto aporta la idea de que la corrupción se encuentra en todo el sistema, hasta en sus extensiones más localizadas, como un funcionario de prisión. De esta tercera temporada también debe destacarse que entra una nueva reclusa, a la que se le da mucho protagonismo, y su delito es la corrupción, debido a que ostenta un cargo de concejala.

Ante todo, este análisis de cómo estos dos productos culturales cambian los roles de los buenos y los malos, señalando al sistema negativamente, puede afirmarse que se trata de dos series contrahegemónicas, productos culturales alternativos, que tratan de hacer un cambio en el *statu quo*. Sin embargo, para llegar a esta conclusión deben ponerse en tela de juicio otros datos.

5.Estructura de la información: Atresmedia

Tras lo explicado y analizado anteriormente se podría afirmar que estos dos productos culturales, *La Casa de Papel* y *Vis A Vis*, entrarían dentro de los considerados como productos contrahegemónicos, gracias a la alteración de los buenos y los malos, buscando ir contra el sistema. Sin embargo, esto no es así, debido a que no están creados por las clases subalternas, sino que son creados y difundidos por el propio poder dominante. En este caso, Atresmedia es un medio de comunicación de masas que pertenece al sistema capitalista, siendo en ella misma una empresa de comunicación. Esto también es extensible a Fox España.

Herrera (2004) destaca la importancia de situar a los medios de comunicación dentro del sistema capitalista, dándole la relevancia necesaria a la estructura económica de estos medios, debido a que pueden situarse como una empresa o industria comercial más dentro del sistema económico capitalista. Esto se debe a que se necesitan grandes inversiones económicas para crear y mantener un medio de comunicación, lo cual genera la necesidad, en la mayoría de las ocasiones, de que la existencia de los medios se de por parte de poderosos sectores económicos. Ante esto y para poder definir y situar mejor ambas series, las cuales se pueden visualizar en los canales de Atresmedia, cuyo nombre mercantil es Atresmedia Corporación de Medio de Comunicación S.A, se debe analizar la situación de esta empresa.

España actualmente es un duopolio televisivo, el cual lo forman dos empresas y cadenas televisivas: Mediaset España y Atresmedia, llevándose entre ambas un 85% de los ingresos publicitarios en 2015. Atresmedia puede definirse como una empresa privada líder en el sector de la televisión (Portilla y Medina, 2016). Por lo tanto, se trata de una importante empresa de comunicación. El accionista principal de esta empresa es el Grupo Planeta, uno de los más importantes del panorama informativo español, el cual tiene influencia, no solo en el ámbito televisivo con numerosos canales como La Sexta, Neox, Nitro, Nova, entre otros, sino también en radio, prensa, editoriales y cine (Santamaría, 2013).

Para situar al Grupo Planeta se debe acudir al estudio sobre la estructura de la información, el cual muestra cómo esta potente empresa en el ámbito de la comunicación, que realiza inversiones y desinversiones en empresas internacionales y nacionales. Además de integrar numerosos canales y medios, también participa en empresas y proyectos de eventos y publicidad (Santamaría, Serrano y Díaz, 2014).

Tanto el Grupo Plantea como sus derivados, entre ellos Atresmedia, se encuentran dentro del engranaje del sistema capitalista y, por ende, también los productos que estos generan y emiten, como *La Casa de Papel* y *Vis A Vis*. Por tanto, ambas series no pueden considerarse productos culturales contrahegemónicos y, por tanto, tampoco tratan de eliminar o alterar el *statu quo*, debido a que no provienen de las clases subalternas, aunque probablemente quieran dar dicha visión al espectador por el cambio de roles entre buenos y malos.

Debe mencionarse que *Vis A Vis* ha sido adquirida por Fox España en la tercera y la futura cuarta temporada. Esta cadena va por suscripción y su origen es estadounidense, además emite por cadenas de pago como Movistar+ y Vodafone TV. Por lo tanto, el cambio que cadena que ha realizado la serie *Vis A Vis* tampoco daría la posibilidad de llegar a denominar a dicha serie como producto contrahegemónico ni atribuirle el objetivo de alterar el *statu quo*.

Referencias bibliográficas

Alapin, H., y Mariani, V. (1998). Algunas consideraciones sobre el concepto de hegemonía. *Escuela y diversidad cultural,* Julio FPyCS/UNLP, (128).

Bonaut Iriarte, J., y García López, J. (2010). La ruptura del relato audiovisual posmoderno a través de la comedia televisiva: el caso de Padre de familia. *Sphera Pública*, (10).

Canclini, N. G. (1984). Gramsci con Bourdieu. Hegemonía, consumo y nuevas formas de organización popular. *Nueva sociedad*, (71), 69-78.

Caspistegui, F. J. (2016). Favole e politica. Pinocchio, Cappuccetto rosso e la Guerra fredda/Bella ciao. La canzone della libertà. *Memoria y Civilización*, (19), 655.

De Moraes, D. (2010). Comunicação, hegemonia e contra-hegemonia: a contribuição teórica de Gramsci. *Revista Debates*, 4(1), 54.

Herrera, M. (2004). Los medios de comunicación social en la sociedad capitalista actual. *Revista Razón y Palabra*, (38).

Jiménez, F. y Villoria, M. (2008): «Percepción social de la corrupción en España», Encuentro Urbanismo y Corrupción. Facultad de Derecho, Universidad Autónoma de Madrid. Recuperado de: https://www.researchgate.net/profile/Manuel_Villoria/publication/260318973_percepcion_social_de_la_corrupcion_en_espana/links/0c96053ce3821d2dca000000/percepcion-social-de-la-corrupcion-en-espana.pdf

Lawson, M. (2018). Why Locked Up has become Spain's biggest breakout TV hit. Fecha de consulta: 04/072018. Recuperado de https://www.theguardian.com/tv-and-radio/2017/apr/27/locked-up-spain-biggest-breakout-tv-hit-prison-drama?CMP=twt_gu

Lozano, S. E. G., Gavilán, M. T. N., y Barba, C. F. O. (2017). Las series de televisión como medio para el desarrollo del pensamiento reflexivo en la enseñanza de la ética profesional. *Razón y palabra*, (98), 11.

Nery, J. (1989). Comunicación y política. XXVII Congreso de la Asociación Latinoamericana de Sociología. VIII Jornadas de Sociología de la Universidad de Buenos Aires. Asociación Latinoamericana de Sociología, Buenos Aires, 2009.

Filmaffinity (2018). Fecha de consulta: 29/07/2018. La casa de papel (Serie de TV) (2017). Recuperado de https://www.filmaffinity.com/es/film879405.html.

Portilla, I., y Medina, M. (2016). Estrategias de monetización y datos de audiencia en los vídeos en línea. El caso de Atresmedia. *Quaderns del cac*, 42 (19), 29- 39.

Santamaría, J. V. G. (2013). Televisión y concentración en España: el duopolio de Mediaset y Atresmedia. *Palabra clave*, 16(2), 1.

Santamaría, J. V. G., Serrano, M. J. P., y Díaz, G. A. (2014). Las consecuencias de la formación del duopolio televisivo de Mediaset España y Atresmedia. *Revista de la Asociación Española de Investigación de la Comunicación*, 1(1), 58-66.

Filmaffinity (2018). Vis a vis (Serie de TV) (2015). Fecha de consulta: 25/07/2018. Recuperado de https://www.filmaffinity.com/es/film441483.html

Vanguardia, L., Minuto, A., Contra, L., Vang, B., Fan, M., y Moda, D. et al. (2018). 'La casa de papel' es la serie de habla no inglesa más vista de la historia de Netflix. Fecha de consulta: 25/07/2018. Recuperado de https://www.lavanguardia.com/series/20180417/442634930315/la-casa-de-papel-netflix-serie-mas-vista.html

PAQUITA SALAS Y LA ESTÉTICA HOMOSEXUAL: EXPRESIÓN DISCURSIVA, EXPRESIÓN DISRUPTIVA

Dr. Javier Calvo

1. Definir (y eludir) una estética homosexual

El 6 de julio de 2016 se estrena en España *Paquita Salas*, una webserie cómica creada por los realizadores Javier Calvo y Javier Ambrossi. A través de la plataforma digital Flooxer, perteneciente al grupo Atresmedia, la historia de esta peculiar representante de actores se presenta ante un público tan potencial como inconcreto: el internauta. De manera imparable, la webserie se convierte en un éxito, y en agosto de ese año pasa a emitirse en la cadena televisiva Neox, también propiedad de Atresmedia. En octubre de 2017, el gigante digital Netflix adquiere sus derechos y produce una segunda temporada, que se estrena el 29 de junio de 2018.

El éxito de *Paquita Salas* como proyecto audiovisual podría justificar por sí mismo un análisis de sus características estructurales y circunstancias industriales. También podría hablarse de cómo un fenómeno surgido en la red consigue apropiarse de los espacios televisivos para pasar, de nuevo, a lo nativo digital, a través de la vía media de las plataformas de contenido. Pero este texto propone, sin embargo, una reflexión más específica, que parte de una intuición cuya argumentación tratará de convertirla en certeza: la idea de que *Paquita Salas* es un producto que abandera una posible estética homosexual.

¿Por qué habría de justificar su interés este aspecto? Tal vez explique una de las claves de su éxito, y bien es cierto que el público homosexual ha acogido con enorme popularidad la serie. Pero sobre todo esta perspectiva viene vinculada a las trascendentes cuestiones de la visibilidad y la representación, la inclusión social y el desarrollo audiovisual de realidades denostadas. Y no puede negarse el carácter secundario de las ficciones audiovisuales homosexuales, ya desde el mero plano de la representación: los estudios de la homosexualidad en el cine (Dyer, 1986; Mira, 2008) y en la televisión (Capsuto, 2000; Gross, 2001; Tropiano, 2002) han determinado que esta presencia ha venido marcada por tres cuestiones de naturaleza peyorativa: la invisibilidad (la falta de representaciones), la banalidad (la falta de representaciones centrales y protagonistas) y la estereotipación (la falta de representaciones naturales). Se trataría, pues, de un asunto de posibilidades sociales y su reflejo en las organizaciones humanas.

Por eso resulta significativa la apuesta de *Paquita Salas*, ya que si parece complicado encontrar en las ficciones televisivas un producto que exhiba discursos narrativos homosexuales de manera libre, lo es aún más encontrar otro que apueste no ya por una discursividad homosexual, sino por una estética homosexual que estructure ese discurso. Es decir, un producto que, desde la raíz, desde su estructura profunda, exija al espectador no enfrentarse a una mirada gay, sino adoptar, comprender él mismo esa mirada para poder entender el discurso que ofrece.

Esta hipótesis parte de un concepto abstracto, el de "estética", aparentemente más cercano al mundo del arte que al de la comunicación, pero que encuentra un punto de unión entre ambos a través de la ficción audiovisual. Para simplificar las diversidades teóricas que puedan volcarse sobre este término, una propuesta de base puede ser la de Aumont, Bergala, Marie y Vernet (2005: 15) a propósito de la estética cinematográfica, que considera que la estética abarca "la reflexión sobre los fenómenos de significación considerados como fenómenos artísticos", esto es, los mensajes desde su dimensión creativa. En este caso, una creatividad determinada por una orientación específica del afecto.

En tal caso, ¿qué ocurre si se intenta hablar de una estética homosexual? La complejidad del término quedaría potenciada si se tiene en cuenta que trata de ligarse a un fenómeno humano que también resulta esquivo en su definición estricta: Corraze (1997: 8) indica, por ejemplo, que "toda definición de la homosexualidad es relativa a un contexto social determinado" y Maroto (2006: 21) recuerda que la homosexualidad "ha sido concebida de muy diferentes formas a lo largo de la historia", en función de los condicionantes instituidos por cada contexto político, ideológico y cultural. De hecho, Peña (2004: 60) sostiene que los diferentes estudios que se han aproximado a un intento de explicación coinciden en señalar la dificultad de una definición unitaria, ya que "la homosexualidad, al igual que la heterosexualidad, es un fenómeno pluriforme, compuesto por diversas constelaciones de normas, comportamientos, enfoques y perspectivas".

En ese sentido, y al hablar de una posible esencia homosexual en las bellas artes, Smalls (2015: 7) recoge el historicismo (la pluralidad) de sus formas e incluso señala este aspecto como definitorio en el rastreo de un discurso artístico que pueda tildarse como tal: para él, las representaciones de la homosexualidad explican cómo esta se ha concebido y comprendido en las diferentes épocas, reflejando un "estatus de los homosexuales dentro de sus culturas particulares". Pero en su opinión, no resulta menos característica de este discurso, precisamente, la propia dispersión de estas manifestaciones, su irreductibilidad a un criterio único y la apertura de sus propuestas.

Es por ello que Mira (2008), al referirse a la posibilidad de un cine que refleje este tema, prefiere hablar de autoría homosexual antes que de estética homosexual, en parte porque este término se ha visto sometido a ciertas simplificaciones teóricas, y en parte porque el nacimiento de las películas viene amparado por la fuerte individualidad de sus creadores. Una individualidad, además, a la que habría que unir, según el autor, la de la propia mirada receptora, cuestión que en muchos aspectos ha podido tener mayor peso a la hora de considerar como homosexual la experiencia de una ficción, y, por tanto, de definir esta posible categoría –y cuestión a la cual, probablemente, *Paquita Salas* no sea ajena-.

En su reflexión sobre el campo literario, Balutet (2006) se pregunta también si resulta posible hablar de una estética homosexual y no elude el concepto de la autoría. Más allá del reflejo de unos personajes o unos conflictos reveladores de lo homosexual, el autor se cuestiona si la identidad afectiva/sexual puede construir, por sí misma, tal categoría. Pero al mismo tiempo puntualiza, con acierto, que no se puede obviar el hecho de que dicha identidad, como ocurriría con la identidad racial o la identidad de género, sea determinante a la hora de generar un producto creativo. La pregunta, que es más bien un interrogante abierto, llama a reflexionar por tanto sobre la posibilidad de que la conformación de un discurso estético de tal calibre no solo exista como factibilidad, sino que además no sea únicamente exclusiva, como pudiera pensarse, de las autorías homosexuales, o incluso, como refleja Mira (2008) al hablar de la mirada del espectador y su apropiacionismo, de los productos manifiestamente homosexuales.

La serie *Paquita Salas*, de hecho, reflejaría una cuestión similar. Si bien sus autores se han mostrado públicamente como homosexuales (y han compartido un proyecto romántico común), debe reconocerse que su obra no habla de la homosexualidad, o no explícitamente. Aunque el amor entre individuos del mismo sexo pueda aparecer en la serie (los personajes de Lidia San José y Yolanda Ramos introducen brevemente esta cuestión), no ocupa, ni mucho menos, un rol central. Por lo tanto, una autoría homosexual no conllevaría en este caso una explicitud discursiva, pero sí que puede argumentarse, como objetivo de este capítulo, la presencia de una estética que formal y discursivamente pueda aludir a este ámbito.

La posibilidad de que el mundo homosexual haya desarrollado sus propias formas culturales puede tomarse ciertamente como intuición o certeza. En cualquier caso, y como conclusión teórica que pospondría el debate a futuras aperturas, cabría citar las reflexiones de Eribon (2001) sobre la existencia de una esencia homosexual. En su opinión, si la composición de estas formas culturales supone una realidad resbaladiza, sí que es reconocible, al menos, un consistente rechazo a la homosexualidad, y no solo desde el plano de la coexistencia física o legal, sino desde el propio ámbito de los signos: Eribon (2001: 17) afirma que a lo largo de la historia se ha constatado un "tipo particular de violencia simbólica" sobre la homosexualidad. Así pues, se podría negar la permanencia esencialista de "lo homosexual", pero resultaría más complicado negar una permanencia de "lo anti-homosexual", y en esa inversión es donde podrían hallarse cuestiones comunes que ejemplificaran un posible discurso estético. De hecho, como se verá en la parte final del capítulo, es precisamente ese perenne carácter de oposición que se ha volcado sobre lo homosexual el que se esgrime como una de las vías factibles para hallar tal cuestión.

Si, por lo tanto, la homosexualidad ha estado mermada en su dimensión sígnica, desde esa perspectiva histórica cada presencia de lo homosexual en televisión resulta siempre una ruptura destacable, una desviación de la norma, y la presencia de una estética homosexual supondría, por su extrañeza, una conquista de acuerdo a la lucha contra esa violencia simbólica que Eribon reconocía. Es significativo, además, que esta presencia no se haya producido a través de la televisión habitual, sino desde la digital, que precisamente ha desdibujado sus límites y ha restado relevancia al medio para otorgársela al contenido como estímulo para el consumo. Es ese mundo digital, que a través de sus herramientas también ha dado voz a *youtubers* y demás individualidades, el que habría potenciado una suerte de democracia simbólica donde tendrían cabida propuestas como la de *Paquita Salas*, denostadas en su momento en otros medios tradicionales.

2. Los valores de la estética homosexual en *Paquita Salas*

Paquita Salas es una representante de actores que en una época anterior consiguió bastante éxito en su trabajo, llegando a codearse con los productores más importantes del entorno industrial. Sin embargo, los años pasan, y dicho entorno ha mutado y evolucionado hacia formas de trabajo que parecen haberla dejado atrás, con toda la crueldad que la modernidad puede disponer para los individuos que no consiguen mantener su ritmo. La síntesis de esta historia se despliega a través de una primera temporada[6] de cinco capítulos, de unos 20 minutos de duración, y en tan escaso desarrollo temporal se produce ya un intenso juego de referencialidades, bromas y conflictos. También, además, se genera un discurso que, como se afirma, cimenta sus valores en ciertas formas estéticas de lo homosexual.

---

[6] El estreno de la segunda temporada de la serie se produce justo después de la escritura de este capítulo, por lo que el examen que se lleva a cabo aquí tendrá como referencia, únicamente, la primera temporada.

La clave para entender este marco estético homosexual la ofrece de forma muy ilustrativa la filósofa y escritora Susan Sontag a través de su célebre texto *Notas sobre lo "camp"*. En lo *camp*, Sontag encuentra un tipo particular de sensibilidad que se rebela contra lo natural y y se deleita, en cambio, en lo artificioso y lo exagerado. De hecho, la estética del exceso ha podido contemplarse fácilmente en numerosas manifestaciones reconocidamente homosexuales que, sin pretensiones de crear por sí mismas una estética aglutinadora, han ofrecido valores de esta naturaleza: por ejemplo, el travestismo, las novelas de Jean Genet o el dandismo de Oscar Wilde, todos ellos referentes nombrados por la propia autora. Por eso, Sontag (1996: 373) no duda en vincular lo *camp* con lo homosexual y establece una relación inequívoca entre ambos donde si bien el primero no es exclusivo del segundo, es el segundo el principal generador (y consumidor) del primero: "no todos los homosexuales tienen gusto camp. Pero los homosexuales, con mucho, constituyen la vanguardia –y el público más articulado- de lo camp".

Habitualmente considerado como un esteticismo del mal gusto, el *camp* procura el placer de la desmesura, pero un placer consciente de que en su iconoclastia se encuentra la impostura, el engaño, el deseo de no tomarse en serio. Es decir, que lo *camp* reivindicaría la ironía y el doble sentido como uno de sus motores de acción: "la sensibilidad camp es aquella que está abierta a un doble sentido en que las cosas pueden ser tomadas" (Sontag, 1996: 362). Este aspecto resulta relevante aquí, puesto que no es la única vez en que la ironía se asocia a lo *camp*, ni de hecho, la única en que la ironía se vincula a lo homosexual; más bien, se postula como un rasgo constitutivo en la conformación de una estética propia.

En un ensayo sobre el travestismo, Newton (1979) considera que lo *camp* puede equipararse a un gusto homosexual en su aspecto relacional, y que el humor *camp* ha sido incluso asertivo en la condición gay. En relación a ello, Shugart y Waggoner (2008) afirman también que la ironía es la cuestión central de la actitud *camp*, un recurso por el cual se expresan las incongruencias en la problemática de la contraposición de géneros, y Pronger (2011) va más allá al indicar que la ironia resulta tan instintiva en la psicología homosexual (en concreto, en los hombres gais), que en muchos casos se convierte en una forma de estructurar la experiencia de estos individuos.

Se recordará aquí que la ironía, desde su dimension verbal, es un recurso pragmático basado en la expresión de un significado contrario a lo que su enunciación indica, un proceso en el que entran en juego los contextos y las intencionalidades que rodean a emisor y receptor (Ruiz Gurillo, 2007). En un sentido que amplía lo lingüístico, Britton (2009) la entiende como una operación discursiva en la que se establecen una serie de tensiones entre lo expresado y las contradicciones que el acto de expresión ha podido generar. Desde esta perspectiva, y sobre la base de la lógica *camp* en la exageración afectada de los dobles sentidos, debe rastrearse esta práctica como uno de los pilares que establecen en *Paquita Salas* una posibilidad de discurso estético homosexual.

2.1. Los ejes de ironía en *Paquita Salas*

La vinculación de *Paquita Salas* con los marcos que establecería una estética *camp* puede observarse desde el exceso de su propuesta dramática. En efecto, la serie hace gala de una serie de recursos humorísticos manieristas que juegan con los límites del buen gusto en varios sentidos. Pero para desvelar la estructura profunda de su propuesta se analizará la implicación de la ironía, como práctica discursiva y contextualizada, en la serie. De este modo, en *Paquita Salas* la ironía establece tres ejes de oposición entre los enunciados y las significaciones, es decir, crea una tensión entre los siguientes pares de conceptos: masculinidad/femineidad, modernidad/tradición y comedia/drama.

En primer lugar, el propio personaje de Paquita ofrece la incongruencia más evidente de la serie y aquella que, probablemente, representa uno de sus valores diferenciales más destacados: la masculinidad de su encarnación, puesto que Paquita viene interpretada por un varón, el actor canario Brays Efe. De tal manera, si la concepción de Paquita es ya una declaración de principios irónicos y una asunción consciente de la ironía, como se verá enseguida, su corporeización, su puesta en escena recoge esa naturaleza paradójica y la potencia desde la superficie gruesa de lo visible.

La tradición de las ficciones audiovisuales ha ofertado ya numerosos personajes de un sexo encarnados por intérpretes del sexo contrario, si bien sus tramas han jugado, habitualmente, con el engaño del propio personaje hacia la sociedad (los populares ejemplos de *Tootsie* −Sydney Pollack, 1982- o *Señora Doubtfire* −Chris Columbus, 1994- son paradigmáticos) o han representado, directamente, cuerpos en conflicto (como el chico transexual de *Boys don't cry* −Kimberly Peirce, 1999- o la transformista Zahara de *La Mala Educación* −Pedro Almodóvar, 2004-). Sin embargo, lo que ofrece esta serie con su personaje central no es un acto de ocultación, de disfraz, sino un acto de verdadera naturaleza. El discurso de la serie parte de la aprehensión de Paquita como una verdadera mujer (una mujer, además, mucho mayor de lo que su actor representa), y como tal, así se ofrece al espectador, retando desde el comienzo sus asunciones previas.

Sin embargo, no es tampoco la primera vez en que la ficción audiovisual lleva a cabo este acto de ruptura consciente en la continuidad entre la dotación genital de un personaje y la del actor o actriz que lo interpreta. Ciertas comedias como *El profesor chiflado* (Tom Shadyac, 1996) o *Jack y su gemela* (Dennis Dugan, 2011) han presentado actores masculinos encarnando papeles biológicamente femeninos con objeto de despertar la hilaridad.

Pero más allá del humor, donde se entienden estas licencias como armas de provocación cómica, personajes como Billy Kwan, interpretado por la actriz Linda Hunt en *El año que vivimos peligrosamente* (Peter Weir, 1982) o la metafórica figura del Jude Quinn/ Bob Dylan de Cate Blanchett en *I'm not there* (Todd Haynes, 2007) demuestran que en ocasiones se ha asumido esa aparente incongruencia como un ejercicio de escritura autoral o artística[7].

La elección de un hombre para representar al personaje de Paquita Salas puede entroncar con las huellas del humor visual o del deseo artístico, o incluso puede deberse a una cuestión de amistad y pacto entre los creadores de la serie y su actor, habida cuenta de sus dotes profesionales. Más allá de esa cuestión, en este texto se propone la idea de que esta decisión, por encima de todo, pueda estar justificada por la necesidad discursiva: la voluntad de creación de una estética determinada, la homosexual, que confronta habitualmente los sexos y los géneros como ejercicio de defensa, desafío o cuestionamiento, y que encuentra en esa oposición biológica, como se afirmó al principio, la esencia de una ironía que vertebra dicha estética como uno de sus valores fundamentales.

Desde la superficie de un primer acercamiento, Paquita Salas representa una ocultación expuesta, un engaño que no es tal, una contradicción de cuerpos y esencias que abren la puerta, por un lado, a los acercamientos de la posmodernidad hacia el concepto de las identidades –estratégicas, cambiantes, múltiples - (Bauman, 2005), de las cuales se han nutrido en muchas ocasiones las nuevas teorías y asunciones del género (como el género fluido) y por otro, a las tradiciones estéticas del travestismo desarrolladas en la cultura gay, y de una manera más cercana, a las del transformismo español: como fenómeno, desde luego, cabe considerarlo gay y cultural, ya que como indica González Pérez (2003: 67), "aunque el travestismo no sea una expresión propia de la homosexualidad, es un eje en torno al cual la cultura gay ha girado. El travestí gay es el individuo que ha cruzado dos fronteras culturales: la del género y la de la orientación sexual". Por eso, en definitiva, la paradójica construcción corporal de Paquita puede incluirse en la exposición irónica de una expresión homosexual creativa de forma legítima.

---

[7] En cualquier caso, puede surgir aquí un debate obvio que se cuestione si en la dramaturgia, arte del engaño consciente, cabe establecer límites supuestamente lógicos –basados en una lógica de la biología como fuerza incontestable de la verdad natural- a la hora de asumir un rol ficticio, algo que, por otro lado, ciertas tradiciones dramáticas llevan siglos desafiando, tal y como ocurre en el *kabuki* japonés con los *onnagata*, actores hombres que ocupaban papeles femeninos y en cuyo trabajo trataban de "asumir y expresar la esencia de la mujer" (Cid, 2013, p.77).

Si el primer eje de ironía que vertebra *Paquita Salas* conduce directamente a la reflexión sobre esa estética que trata de desarrollar en su propuesta ficcional, el segundo puede resultar más difuso en estos términos, pero no deja de ofrecerse como una oposición entre enunciado y significado que potencia con fuerza la comicidad de la serie. Se trata de la dualidad formada entre la modernidad y la tradición, aunque dentro de la serie debería hablarse, más bien, de modernidad frente a casticismo.

La representante se mueve con aparente soltura en un mundo laboral contemporáneo donde las nuevas formas digitales de trabajo y de consumo audiovisual conforman un panorama dinámico y cambiante que exige, más aún en un perfil profesional como el que ocupa, estar al tanto de las efímeras fuerzas del mercado y sus herramientas; sin embargo, Paquita aparece superada en numerosas ocasiones por esta abrumadora necesidad de análisis y muestra una actitud basculante entre la ignorancia y la tecnofobia, como demuestra la popular escena del capítulo 1 (*Casada con esto*) donde descubre en su propia cuenta de correo electrónico qué es una bandeja de *spam*. Por otro lado, ese mismo entorno hunde sus raíces en las pantanosas aguas de la popularidad y la fama, y, por tanto, requiere también de un exhaustivo control de las modas. El seguimiento de las tendencias necesita de un individuo mutable y abierto que pueda entender y exprimir sus posibilidades, pero Paquita, nuevamente, es un ser que tiende a lo estático, y sus búsquedas de la excelencia laboral parecen ancladas en un modelo de mercado previo.

En este sentido, la oposición entre modernidad y tradición debe ser entendida como una suerte de inmovilismo ante la evolución técnica –y consecuentemente, social- que deja atrás al personaje de Paquita como el eco cómico de la generación previa a la aparición de Internet. Este aspecto remite de manera inevitable a la lozanía que parece exigir el mercado de la fama audiovisual: Paquita Salas se rodea de personajes jóvenes, fruto de esa nueva era digital, entre los cuales parece erigirse como la única pieza que no encaja, puesto que no es capaz de entender sus reglas ni seguir su ritmo. Esa distancia se acentúa incluso a nivel visual, ya que Paquita exhibe una apariencia y unos gustos estéticos que solo pueden tildarse de demodé, o así quedan expuestos en su ficción.

Sin embargo, el personaje de Paquita Salas trata de reducir esta lejanía generacional, pero también actitudinal, con su mejor herramienta: la voluntad. Su pasión por el trabajo y el deseo impulsivo, casi infantil, por alcanzar el éxito suplen sus carencias laborales o, al menos, pulen las deficiencias en que estas pudieran derivar. Más aún: esa inquebrantable voluntad es la que configura una ingenuidad que deviene egocentrismo, narcisismo profesional y un elevado autoconcepto de su figura, su experiencia y su trascendencia en el mercado.

De ahí que, como se afirmara en la introducción de este epígrafe, Paquita componga un personaje en cuya configuración inicial se asume ya la ironía como un valor innato, como declaración de principios del ser y su rastro en el mundo. La serie presenta al personaje como un segmento enunciativo que denota seguridad, aplomo y destreza, una perfecta adecuación al contexto, pero ese mismo contexto connota sus significaciones contrarias: la incapacidad de adaptación y la lucha constante por la superviviencia, no ya profesional, sino existencial de Paquita en un mundo cuya mutabilidad periódica y sus riesgos de exclusión resultan letales. Las viejas armas de la representante (la locuacidad telefónica imparable; el intercambio sexual con un afamado productor −y antigua pareja- para conseguir una audición a su nueva actriz fetiche, la consulta a una tarotista para averiguar el devenir de unos premios cinematográficos, etc.) parecen ridículas ante las exigencias jóvenes de su profesión, pero ella las esgrime con una férrea determinación tan fuera de lugar que, precisamente por eso, constituye uno de los focos principales del humor de la serie.

Un último apunte debe mencionarse sobre el carácter tradicionalista del personaje. Se ha comentado con anterioridad que, en *Paquita Salas*, la oposición a la modernidad o la actualización a los nuevos tiempos no se erige solo desde una idea genérica de "lo tradicional", sino incluso desde una apariencia plena de casticismo. Este aspecto solo puede observarse desde la necesaria inmersión folclórica en la tradición cultural que engloba a Paquita, la española, y más en concreto, desde una perspectiva que posiciona este acerbo como un ejemplo (de nuevo) irónico de la inmovilidad conservadora de lo costumbrista.

Esta perspectiva, curiosamente, ha resultado común en ciertas exploraciones de la estética gay −o de ciertas estéticas gais-, quizá precisamente por ese carácter irónico. Algunos expositores destacados de la cultura homosexual han jugado con el casticismo a través del filtro del pop (no obstante, se trata de una reivindicación de los gustos populares), reformulándolo como un puntal discursivo, pero también como un goce estético. Quizá el ejemplo más famoso se encontraría en el cine de Pedro Almodóvar, en el que puede hallarse un sustrato inquebrantable de lo folclórico desde una amplia perspectiva (Holguín, 2006), pero también en las estéticas musicales de la célebre Olvido Gara, "Alaska", icono pop de la modernidad postdemócrata o en las creaciones múltiples del polifacético Fabio McNamara (en pintura, música o moda). Esta visión no es privativa de lo homosexual (ahí se encontrarían, por ejemplo, las incursiones de lo castizo-pop en las altas esferas del arte plástico a través de las piezas del Equipo Crónica), pero parece sugerirse en todos estos ejemplos un uso muy lúcido de la tradición para fagocitar el conservadurismo a través de sus formas estéticas, la fusión del folclore con lo novedoso (o la modernidad resultande de su contraposición, en términos visuales, culturales, ideológicos) y el uso irónico, complaciente, humorístico de sus referentes para crear un discurso definitivamente gay.

Paquita Salas no es ajena a esta práctica. El personaje que da nombre a la serie hace gala de un casticismo exhibicionista que casi roza en la decadencia, y de su tremendo contraste surge de nuevo la comicidad. Su trabajo la exige moverse en un mundo de fiestas elegantes y distinción cosmopolita, pero ella prefiere los productos patrios como el torrezno, paradigma de la cocina tradicional que ignora las cuestiones dietéticas, o la ginebra Larios, marca netamente española surgida de la industria malagueña. Y su aspecto, como se indicó, alude a una moda previa, anclada en la actitud estética de señoras de edad avanzada y porte conservador. Esta reutilización de lo castizo como efecto de choque es, a la vez, irónicamente homosexual y cómico. No obstante, el exceso, el travestismo y la falta de adecuación a los contextos eran valores que Susan Sontag esgrimía como definitorios de una estética *camp*.

El tercer y último eje de ironía que Paquita Salas exhibe de manera clave en su discurso resulta, por estructural, más sutil que los anteriores, pero también es fundamental para entender su propuesta. Se trata de la oposición entre comedia y drama, no tanto como ejercicio de género audiovisual (y es cierto que la serie abandona puntualmente la comedia para ofrecer momentos de verdadero drama) sino como verdad existencial del personaje principal.

La historia de Paquita puede tildarse de agridulce. El mundo de la modernidad que antes se citaba la descontextualiza, la rechaza, a pesar de que cuente a su lado con fieles confidentes. Sus actrices la abandonan tras alcanzar el éxito (de lo que se deduce que sus prácticas profesionales, en el fondo, no resultan tan nefastas), como si junto a ella la continuidad de ese reconocimiento resultara inviable, y sus compañeros de profesión, como ocurre en el segundo capítulo (*La actriz 360*), la ridiculizan por la brusquedad de sus formas y su falta de adecuación. La historia de su vida es, durante toda la primera temporada, una historia de luchas constantes por la supervivencia.

Desde esta perspectiva, la comedia generada por su humor de paradoja denota una constante hilaridad, pero la tragedia de sus resultados connota un pesimismo del que pocos podrían reírse en circunstancias no ficticias. Sin entrar en el terreno del humor negro, que adecuaría ambos extremos a un discurso mordaz decididamente contradictorio, *Paquita Salas* es a la vez broma y lección de vida, el terreno de una batalla entre la individualidad y la sociedad, y de forma más extremadamente metafórica, si se quiere, un ejemplo de la lucha entre la persona y el destino.

El resultado de esta batalla, independientemente de cómo finaliza la primera temporada –con ese destello a la esperanza que supone haber encontrado el potencial dramatúrgico en el personaje de Belén (Anna Castillo), y que más adelante se matizará–, es el del fracaso. Pero no un fracaso resolutivo, como simple broche de tragedia, sino el fracaso como atributo vertebrador de todo el discurso del personaje y sus circunstancias, y por tanto, de toda la serie. Sin embargo, es precisamente este fracaso el que se revelará como otro de los factores fundamentales de *Paquita Salas* que, precisamente por resultar constitutivo, la erige como ejemplo paradigmático de estética homosexual; un factor que queda ligado plenamente con lo irónico (¿no puede entenderse, de hecho, la propia ironía como un fracaso discursivo?) y, consecuentemente, un factor que reconduce este análisis hacia una exploración más detallada del mismo.

2.2. El fracaso como atributo estético y referencial

En 2011, la profesora e investigadora Judith Halberstam (también conocida como Jack Halberstam) publicó la obra *The queer art of failure*, que siete años más tarde fue traducida al español como *El arte queer del fracaso*. En ella, y a través de referencias a productos de la cultura popular infantil, el arte o ciertas formas de feminismo, Halberstam habla del fracaso como una actitud de vida, y no como el resultado de un intento fallido. Es decir, apuesta por una consciencia plena del fracaso como herramienta vital, para lo cual es necesario expandir los contextos en que este fracaso debe entenderse, y sobre todo, comprender las dinámicas que su ejercicio implicaría en relación con los diferentes individuos.

Halberstam (2011) afirma que el éxito social se determina desde una perspectiva particular y no desde un supuesto enaltecimiento objetivo de la persona, por lo que no resulta válido para todos los individuos. Esta perspectiva dominante es la de la heterosexualidad, de manera que la estructura social occidental y capitalista define el éxito en términos de progreso heteronormativo, por cuanto se basa en la reproductividad y la acumulación de bienes familiares. Así pues, el individuo no heterosexual quedaría inevitablemente relegado a los ámbitos del fracaso, al escapar de lo reproductivo, lo familiar y, en suma, lo normativo.

La sentencia parece extremadamente firme, pero la autora defiende que el establecimiento del individuo no heterosexual como un individuo asentado en el fracaso no representaría, por sí mismo, un fallo reprochable, sino que escondería, más bien, una potencialidad que podría desafiar a la norma y abrir la puerta a nuevos modelos de vida rigurosamente *queer*. Por eso, Halberstam concibe el fracaso desde una perspectiva amplia que puede llegar a ser incluso liberadora para ciertos individuos.

En esta acepción se pueden vislumbrar de forma clara tintes políticos a través de las alusiones a lo (hetero)normativo, el poder y la economía. Ciertamente, la idea reflejaría la teoría foucaultiana que entiende la definición clínica e institucional de la heterosexualidad y la homosexualidad, es decir, la regulación de lo sexual desde lo institucional/médico, como una autoafirmación de la clase dominante, un proceso de expansión y asentamiento de la hegemonía burguesa sobre el resto de estamentos a través de un proceso que supuso "una defensa, una protección, un refuerzo y una exaltación que luego fueron –al precio de diferentes transformaciones- extendidos a los demás como medio de control económico y sujeción política" (Foucault, 2005, p. 131). Por lo tanto, el éxito quedaría confinado a los límites heterosexuales burgueses mediante sus directrices de relevancia económica y política, y, no obstante, la propia Halberstam afirma que "el fracaso va, por supuesto, de la mano con el capitalismo"[8] (2011: 88).

Al entenderse desde este marco lo no heterosexual como un cuestionamiento del éxito social y quedar vinculado de manera irremediable al fracaso, cabría considerar este, como afirma Halberstam (2011), un modo de esquivar y repudiar las lógicas dominantes del poder heteronormativo y una apertura a la posibilidad de formas de vida alternativas que podrían construir, incluso, sus propios códigos sociales. Y así, la reivindicación del fracaso como ejercicio de resistencia no solo desestabilizaría el poder en términos absolutos –el propio Foucault (2005) recuerda que las diversas manifestaciones del poder implican siempre sus propios contrapoderes-, sino que se impondría como una visibilidad de lo no heterosexual y, en definitiva, podría asumirse, aludiendo al propio título de la obra que se referencia en este epígrafe, como una forma neta y legítima de lo *queer*.

Debe señalarse que esta perspectiva viene apuntada ya con anterioridad por el académico José Esteban Muñoz (2009), quien entiende que en el fracaso *queer* se contempla una potencialidad para escapar del estatismo y las presiones de los marcos capitalistas heterodominantes, y es capaz, además, de generar sus propias destrezas, ya que en él es posible incluso un cierto virtuosismo. Si bien sus exploraciones no se centran tanto en equiparar el fracaso como un rasgo propio de lo homosexual, sí que considera la heteronormatividad como una vía de expansión de las problemáticas de la normalidad, instaurada esta desde la perspectiva de interés para las heterosexualidades dominantes, y por eso lo homosexual llegaría a poseer este cariz escapista y liberador.

Retomando de nuevo el objeto de análisis de este texto, puede decirse que *Paquita Salas* estructura su uso de lo irónico como un modo de sublimar el fracaso. El personaje de Paquita, ciertamente, es el de un individuo fracasado en todos los frentes citados con anterioridad. En primer lugar, fracasa

---

[8] Traducción propia. En el original: *"failure, of course, goes hand in hand with capitalism"*.

en su femineidad, puesto que la encarnación de Paquita como hombre/mujer cuestiona la lógica biológica de lo femenino. En segundo lugar, fracasa en su modernidad, al abanderar un conservadurismo castizo que se asienta en lo extremadamente popular y no-exclusivo. Y en tercer lugar, fracasa en su felicidad, puesto que las metas que se impone a nivel laboral y vital parecen cada vez más alejadas de su realización.

Este último nivel, de hecho, remitiría directamente al fracaso de Halberstam como reverso oscuro de los límites del éxito social[9], y si bien Paquita no llega a reconfigurar sus derrotas como un ejercicio de liberación –algo que, quizá, resultaría demasiado filosófico para un producto de entretenimiento y poco efectivo en términos dramáticos-, sí que parece asumir, en un momento dado, su fracaso constante como el verdadero motor de su vida y, por tanto, en esta aceptación tranquila del fallo heteronormativo, recupera su dignidad y su fuerza –y de paso, su potencialidad para una segunda temporada-. El momento se produce en el último capítulo (*La magia que hay en ti*), precisamente cuando Paquita parece haber tocado fondo, y tras despertar de un breve letargo depresivo (la asunción negativa del fracaso), decide plantear al personaje de Belén, su próxima aspirante a actriz de éxito, las reglas de un nuevo juego acorde con esta nueva actitud (la asunción positiva del fracaso): cuando la actriz alcance la fama y se convierta en una intérprete reputada, debe abandonarla como representante.

Resulta significativo, por tanto, que este pacto vital/laboral centralice el fracaso (el abandono de una actriz representada cuando esta conquista la cumbre social) como eje principal de convivencia. Puede que se establezca como una forma de preparación emocional ante los devenires futuros, ante probables desavenencias entre ambas, o puede que con este pacto Paquita trate de mantenerse siempre activa en su labor, forzándose a trabajar constantemente al límite. Quizá, más sencillamente, es un modo de resignación. Pero en cualquier caso, este pacto puede leerse como un intento de resignificación de sus derrotas, tal y como se dijo: un proactivo alejamiento del castigo social y una voluntad expresa por ennoblecer su manera de entender el mundo y actuar en el mismo. Por eso, se trata de una actitud comprensible si, como afirma Halberstam (2011), las desviaciones a lo exitoso normativo se configuran como maneras legítimas de vivir y dignificar la vida. Y de este modo, al igual que la autora hablaba de productos creativos exponentes de un ideal homosexual mediante el uso del fracaso, la propia *Paquita Salas*

---

en conjunto se ofrece al espectador como un ejercicio paralelo de dignificación de lo fracasado, y en consecuencia, de apunte discursivo sobre la homosexualidad, lo no heteronormativo y la dignidad de todas sus diversidades; un apunte que no por simbólico resulta menos rotundo.

El fracaso, además, entroncaría con otras cuestiones de lo gay establecido como discurso estético propio. Un ejemplo claro lo constituiría el apropiacionismo del insulto heteronormativo como método de defensa ante sus imposiciones, un recurso que, nuevamente, no deja de resultar irónico, y que se ha manifestado en la resignificación de los propios conceptos de *queer*, "marica" o "bollera", muy usados por la propia comunidad homosexual. De este modo, "la pronunciación del término traslada en su enunciación la carga de la violencia y la discriminación ejercidas por la sociedad heterosexual contra gays y lesbianas", pero "es precisamente esa fuerza la que se subvierte al utilizar el término en primera persona" (Córdoba, 2005: 22). Asumir el fracaso (el insulto social), tomarlo, resignificarlo y reivindicarlo como propio es un ejercicio palpable de contrapoder que crearía un discurso constitutivo y transformaría el discurso ajeno.

Desde su generalidad simbólica, incluso, la consideración de lo homosexual como un fenómeno tradicionalmente marginal, descentrado del punto medio de las estructuras sociales, supone también un acercamiento al fracaso como modo de vida y, por todo lo comentado, una postura reivindicable: si ser homosexual supone vivir en el lado contrario del poder, como indica Mira (2014) cuando afirma que "el homosexual es alquien que no puede expresarse sin pagar un precio", resulta inevitable que la homosexualidad acabe conquistando ese terreno de oscuridades sociales para conformar su discurso y su esencia, por lo que "la marginalidad acaba teniendo un gran rendimiento para cultivar un yo homosexual: la expresividad, la capacidad para hablar desde el margen" (Mira, 2014). Esa voz desplazada se constituiría como una voz desde el fracaso, sin impedir que el fracaso, ligado a una perspectiva heterodominante, resulte fructífero para los cimientos de una subcultura diferente.

3. Conclusiones

La creación de un discurso estético televisivo que defienda la homosexualidad como valor estructural resulta extraña en el entorno industrial, habida cuenta de la denostada situación que las ficciones de esta temática habían recibido, tradicionalmente, en la historia del medio. Pero ha sido el mundo digital y sus posibilidades de negocio las que han otorgado visibilidad discursiva a esta estética marginal, y lo ha hecho apostando por sus raíces como exigencia para establecer un pacto con el espectador.

Por tanto, a través de la serie española *Paquita Salas* y la voluntad de sus creadores –una disposición canalizada, en todo caso, por las posibilidades del medio-, ese mundo digital ha dado pie a un producto audiovisual cuyo enfoque conecta con ciertos atributos de la homosexualidad generados en su dimensión de experiencia social. Desde el basamento teórico de la estética *camp* se ha establecido la ironía como eje fundamental de discurso, y a partir de ahí, como si aquella fuera una actitud intrínseca ante las posibilidades que permite la estructura social a los individuos desviados, se ha vinculado este análisis con la idea del fracaso heteronormativo.

El examen de la ironía y el fracaso como valores intrínsecos de una posible estética homosexual en *Paquita Salas* no solo ha expuesto que el humor de la serie se concibe desde estas propuestas, sino que también ha desgranado cuestiones puntuales complementarias que apuntalan ese vínculo. De tal modo, sin hablar explícitamente del fenómeno de la homosexualidad, *Paquita Salas* ha generado una forma estética identificable como tal, y lo ha hecho, además, sin menoscabo de sus posibilidades comerciales. Quizá, todo lo contrario.

Referencias bibliográficas

Aumont, J., Bergala, A., Marie, M. y Vernet, M. (2005). Estética del cine. Espacio fílmico, montaje, narración, lenguaje. Buenos Aires: Paidós SAICF.

Balutet, N. (2006). Ars homoerotica. París: 2006.

Bauman, Z. (2005). Identidad. Buenos Aires: Losada.

Britton, A. (2009). Britton on film. The complete film criticism of Andrew Britton. Detroit: Wayne State University Press.

Capsuto, S. (2000). Alternate channels. The uncensored story of gay and lesbian images on radio and television. Nueva York: Ballantine.

Cid, F. (2013). Mujeres en la historia del teatro japonés: de Amateratsu a Minako Seki. Barcelona: Publicacions de la Universitat Jaume I.

Córdoba, D. (2005). Teoría queer: reflexiones sobre sexo, sexualidad e identidad. Hacia una politización de la sexualidad. En Teoría queer: políticas bolleras, maricas, trans, mestizas. Madrid: Egales.

Corraze, J. (1997). La homosexualidad. México D.F.: Publicaciones Cruz O.

Dyer, R. (1986). Estereotipos. En Dyer, R. et al. (Eds.), Cine y homosexualidad (2ª ed.) (pp. 69-94). Barcelona: Laertes.

Eribon, D. (2001). Reflexiones sobre la cuestión gay. Barcelona: Anagrama.

Foucault, M. (2005). Historia de la sexualidad 1. La voluntad del saber (2ª ed.). Madrid: Siglo XXI.

González Pérez, C.O. (2003). Travestidos al desnudo: homosexualidad, identidades y luchas territoriales en Colima. México DF: CIESAS.

Gross, L. (2001). Up from invisibility. Lesbians, gay men and the media in America. Nueva York: Columbia University Press.

Halberstam, J. (2011). The queer art of failure. Durham and London: Duke University Press.

Holguín, A. (2006). Pedro Almodóvar (3ª ed.). Madrid: Cátedra.

Maroto, A.L. (2006). Homosexualidad y trabajo social: herramientas para la reflexion e intervención personal. Madrid: Siglo XXI.

Mira, A. (2008). Miradas insumisas. Gays y lesbianas en el cine. Madrid: Egales.

Mira, A. (2014). Cinefilia gay y el cultivo del yo. Razón y palabra. N° 85.

Muñoz, J.E. (2009). Cruising utopia: the then and there of queer futurity. Nueva York: NYU Press.

Newton, E. (1979). Mother camp. Female impersonators in America. Chicago: University of Chicago Press.

Peña, C. (2004). Homosexualidad y matrimonio. Estudio sobre la jurisprudencia y la doctrina canónica. Madrid: Universidad Pontificia de Comillas.

Pronger, B. (2011). The arena of masculinity: sports, homosexuality, and the meaning of sex. Nueva York: St. Martin's Press.

Ruiz Gurillo, L. (2007). La ironía verbal. Madrid: Liceus.

Shugart, H.A. y Waggoner, C.E. (2008). Making camp: rethorics of transgression in U.S. popular culture. Alabama: University of Alabama Press.

Smalls, J. (2015). Homosexuality in art. Nueva York: Parkstone International.

Sontag, S. (1996). Notas sobre lo camp. En Contra la interpretación (pp. 355-376). Madrid: Alfaguara.

Tropiano, S. (2002). The prime time closet: a history of gays and lesbians on TV. Nueva York: Applause Theatre & Cinema.

Capítulo VI

LA CONSTRUCCIÓN DEL UNIVERSO DE FICCIÓN DE MARVEL EN NETFLIX

Dr. Héctor Oliva Cantín
Dra. Elena Capapé Poves

1. Introducción

En 2013, Netflix y Marvel (mediante la división especializada Marvel Television) llegaron a un acuerdo con el fin de desarrollar series basadas en algunos de los personajes de la editorial de cómics estadounidense.

Así es cómo dos de las compañías más poderosas de la industria del entretenimiento se aliaban con el fin de diferenciarse de sus principales competidores. Por un lado, Netflix, la cual había terminado el año con más de 44 millones de usuarios (siendo referente mundial en las plataformas de *streaming* de contenido audiovisual) y, por otro lado, Marvel (Disney), cuyos personajes – en el año 2013 – recaudaron más de 2.300 millones de dólares a nivel mundial con tan solo tres títulos cinematográficos: *Thor: The Dark World*, *The Wolverine* y *Iron Man 3*.

Como resultado, durante los siguientes años se estrenaron en Netflix las series: *Daredevil* (2015-), *Jessica Jones* (2015-), *Luke Cage* (2016-), *Iron Fist* (2017-), *The Defenders* (2017-) y *The Punisher* (2017-). Así, este trato puso de manifiesto que la estrategia expansiva de Marvel, anteriormente basada en el ámbito cinematográfico, buscaba alcanzar las pequeñas pantallas, centro multimedia de gran parte de los espectadores del siglo XXI. Por otro lado, Netflix conseguía sumarse a la fiebre audiovisual de los superhéroes, consiguiendo así uno de sus principales objetivos: aumentar su catálogo con contenido propio.

De este modo, el siguiente capítulo pretende averiguar y reflexionar sobre el modo en que estas series han construido un universo de ficción compartido e integrado dentro de las marcas Marvel y Netflix. Por tanto, se busca conocer las características compartidas y similitudes entre los diferentes productos. Y, por otro lado, se quiere analizar cómo las compañías mencionadas han buscado aplicar estrategias expansivas con la finalidad de rentabilizar su acuerdo comercial.

Para ello, se analizará el contexto industrial en el que las series antes citadas se han creado, delimitando cuáles son las características industriales propias del modelo de negocio de Netflix y de la evolución empresarial de Marvel en los medios audiovisuales. Al mismo tiempo, se establecerá un análisis de los principales productos implicados con el fin de conocer sus similitudes en los ámbitos visuales y narrativos: rasgos estéticos y visuales, personajes compartidos, tramas vinculadas, y espacios comunes.

2. Marvel: de los cómics a la industria del entretenimiento.

La gran popularidad de los personajes de Marvel, en la actualidad, proviene, principalmente, de sus versiones en el medio cinematográfico. Pese a que la mayor parte de los ingresos economicos de la compañía, y el reconocimiento del público, proceda de las apariciones de *Iron Man*, *Captain America* o *Spider-Man*, por citar alguno de los más característicos y reconocibles en las salas de cine, no se puede obviar la dilatada trayectoria de Marvel, y sus personajes, en un medio diferente: el cómic.

Tanto los modelos narrativos que propone la Marvel contemporánea en sus productos audiovisuales, su consolidación y posterior posición hegemónica en la industria del entretenimiento mundial (tras su integración dentro del gigante Disney) como el establecimiento de alianzas y estrategias expansivas con otros operadores del mercado no serían entendibles sin ofrecer un mínimo contexto explicativo y determinante para comprender qué situaciones han producido hitos de tal relevancia.

Marvel Comics vio la luz entre los años 1962 y 1963 (anteriormente durante las décadas de los años cuarenta y cincuenta, había sido denominada como Timely Comics y Atlas Comics). Desde ese momento, fue responsable de la creación de gran parte de los pesonajes más representativos del medio a nivel mundial. De hecho, junto a su principal competidor, DC Comics, se les conoce a ambas como *"The Big Two"* por su total y absoluto dominio del mercado editorial de cómics en E.E.U.U. y su importante presencia a escala global, llegando a convertirse en un referente de la cultura popular occidental (Guiral, 2008). En sus casi ochenta años de existencia la editorial se ha especializado, concretamente, en el género de superhéroes (personajes de ficción que poseen poderes y características sobrehumanas que ponen al servicio de la humanidad para su defensa y protección).

Siempre explotando esta fórmula (el "cómic superhéroico"), durante su existencia en el siglo XX, Marvel Comics alternó diferentes etapas de éxito con otras cercanas al fracaso. A comienzo de los años noventa del pasado siglo, la empresa estuvo muy cerca de cerrar llegando a situarse al borde de la quiebra. Fruto de la controvertida dirección del empresario Ronald Perelman, la compañía se embarcó en proyectos que dificilmente podía hacer frente ya que no disponía ni de la infraestructura, los conocimientos y los medios para alcanzar las metas, como intentar la distribución propia de sus cómics de forma independiente a las empresas dedicadas a ello. Además, durante esa década, la industria del cómic en Estados Unidos estaba viviendo una gran recesión como consecuencia, entre otros factores, de la sobresaturación de títulos en el mercado, muchos de ellos de valor cuestionable. Paradójicamente, la solución a los problemas económicos de la editorial de cómics provino de su política expansiva y la implantación de un nuevo modelo de negocio que implicaría a otros medios como los videojuegos, figuras y juguetes de acción, series de animación en television y, por supuesto, el cine (Howe, 2012).

El éxito de Marvel en Hollywood no se produjo de manera inmediata y la irrupción de la editorial en el ámbito cinematográfico se fue originando de manera gradual y durante diferentes fases diferenciadas y dependientes de la implicación de la compañía en la producción de las películas. Así pues, se puede hablar de tres etapas clave del salto de Marvel Comics al cine, y por ende a la industria del entretenimiento multimedia (De Prada, y Rodríguez, 2012):

- Las producciones externas (1986-1996). En esta fase la compañía cedió los derechos de la explotación cinematográfica de algunos de los personajes a estudios externos. Es una etapa de experimentación no demasiado exitosa. Las producciones entre mediados de los años ochenta y mitad de los noventa se caracterizan por ser fracasos de taquilla, varios de ellos no llegaron ni a ser estrenados en cines.

- Las coproducciones (1998-2007). Con la participación de la editorial en la producción (a través de la división Marvel Studios) se controla gran parte de la parcela creativa que ya no depende, exclusivamente, de las productoras cinematográficas y estudios ajenos por completo a la compañía. A finales de la década de los noventa y principio del siglo XXI llegan los primeros éxitos de taquilla con filmes como *Blade* (1998), *X-Men* (2000) o *Spider-Man* (2002), siendo los dos últimos iniciadores de sagas exitosas (cuyos derechos cinematográficos pertenecían, no obstante, a Fox y Sony, respectivamente).

- La autoproducción (2007 -). Con *Iron Man* (2008) se abre el siguiente paso lógico en la estrategia expansiva: producir en exclusividad los productos cinematográficos y generar un universo audiovisual de ficción compartido entre los diferentes títulos que lo componen. Así pues, desde 2007 hasta la actualidad y de forma progresiva, en lo que posteriormente se conocerá como la fase 1, fase 2 y fase 3, se creará el *Marvel Cinematic Universe* (*MCU*), una continuidad temática y narrativa compartida por todas las películas basadas en cómics de Marvel. De este modo, habrá tramas recurrentes entre los filmes (de forma leve al principio y muy explícita en la actualidad) y será frecuente que los personajes aparezcan e interactúen entre ellos a lo largo de las distintas películas (en la línea clásica de los cómics en los que, con frecuencia, los personajes comparten historias y aventuras entre los diferentes títulos construyendo una continuidad compartida y común). Este periodo ha resultado el más exitoso; las películas dentro de esta estrategia han registrado mayores recaudaciones de taquilla y los personajes enmarcados en el *MCU* han alcanzado una popularidad y un éxito sin precedentes.

Evidentemente, la adquisición de Marvel por parte de Disney en 2009 produjo que el salto a la autoproducción fuese posible de forma más efectiva ya que pasó a contar con el "músculo" logístico, humano y financiero del conglomerado multimediático (Brooks, 2009). Esto supuso la integración real de Marvel dentro de la industria del entretenimiento. Su principal fuente de ingresos, desde este momento, serán los producidos por las películas y la explotación de las licencias en otros medios por encima de la venta de cómics. Esta situación no es más que el reflejo del sino industrial del Hollywood contemporáneo sumergido en lo que se conoce como "la era de las franquicias", el periodo del siglo XX en el que los grandes conglomerados multimediáticos que poseen los estudios cinematográficos invierten en la producción de películas taquilleras repletas de efectos especiales digitales susceptibles de generar sagas y secuelas en las grandes pantallas pero también de obtener ingresos adicionales procedentes de la venta de derechos (ventanas de explotación en televisión, vídeo bajo demanda, *Blu-ray*) y la venta de licencias para producir todo tipo de material relacionado: videojuegos, novelas, juegos de mesa, cromos, juguetes, figuras de acción, todo tipo de coleccionables, ropa, discos de música, vajilla, etc. (Riambau, 2011).

La importancia de la creación del citado *MCU* reside en generar una serie de marcas reconocibles (cada una de las películas que componen las franquicias diferenciadas) dentro de un gran paraguas o marca matriz (*Marvel Cinematic Universe*) que no solo comparten la producción, sino que establecen una interacción y continuidad común de personajes, historias y tramas dentro de un universo cinematográfico de ficción compartido. La culminación de esta estrategia pudo verse en *The Avengers* (2012), filme que reunía a los principales personajes cinematográficos de Marvel que habían ido siendo introducidos paulatinamente en el *MCU*[10] mediante sus franquicias cinematográficas individuales (De Prada, y Rodríguez, 2012). Esta película cosechó, al igual que las posteriors secuelas, un éxito de taquilla sin parangón y propició la continuación del desarrollo de esta estrategia narrativa-empresarial con la perpetuación de las ya existentes y la proliferación de nuevas franquicias.

---

[10] Resulta destacable que la aparición de *The Avengers* en su versión cinematográfica conicide con su creación en los cómics en la década de los sesenta del siglo XX, ya que en ambos casos los títulos reúnen a los héroes más populares de la editorial (aparecidos previamente en sus películas/cómics) y establecen la creación de un universo de ficción compartido.

A continuación, tras esta breve explicación del contexto de Marvel en la industria del entretenimiento, se va a ofrecer una muestra y descripción de Netflix de manera que pueda comprenderse de una forma mucho más clara la relación entre ambas empresas y explicar así el origen y naturaleza del objeto de estuido que ocupa este capítulo.

3. Netflix y Marvel: hacia nuevos consumidores

El desarrollo tecnológico, la multiplicación de dispositivos conectados a Internet y los nuevos hábitos de consumo han propiciado, en los últimos años, el nacimiento de plataformas de visionado online. De este modo, los espectadores han acogido positivamente las opciones a la carta, las cuales les permiten visionar lo que quieran, en el momento que deseen y desde donde más les apetezca, gracias a los dispositivos móviles como los *smartphones*, los portátiles o las tabletas electrónicas.

El punto de inflexión que marcó la llegada e irrupción de estos modelos de negocio, basados en el video bajo demanda, se podría situar en el año 2008 con la introducción por parte de Netflix de un servicio de visionado en *streaming* para sus usuarios en Estados Unidos (Amidon, 2013: 47-48).

En junio de 2018, la compañía Netflix alcanzaba los 130 millones de suscriptores en el mundo (Richter, 2018); de ellos, más de 57 millones son estadounidenses. De este modo, se puede afirmar que Netflix es el servicio bajo demanda más popular a nivel internacional.

Hay varias características que definen el modelo y funcionamiento de Netflix. En primer lugar, desde su origen, su estrategia se basa en el estreno simultáneo de todos los capítulos por lo que su producción es intensiva. Para mitigar el riesgo, apuestan por series de menos capítulos al inicio para luego, reducir el tiempo entre temporadas (Wolk, 2015: 35). Esto ha supuesto el surgimiento de un nuevo sistema de visionado: el *binge-watching* o visionado maratón.

Al mismo tiempo, Netflix busca dirigir sus series a audiencias diversas, enfocando cada una de ellas a diferentes nichos, consiguiendo finalmente un catálogo interesante para el público *mainstream* mediante todas sus producciones.

Por otro lado, uno de los principales atractivos de la compañía es su contenido. Dentro del ámbito de la distribución, el proveer un catálogo atractivo para el consumidor es esencial y Netflix es consciente de ello. De este modo, desde 2013 hasta 2017, la compañía habría invertido más de 20.000 millones de dólares en contenido (Espinel, 2017). Además, la previsión es que, tan solo en el año 2018, se inviertan 8.000 millones de dólares en contenido (Koblin, 2017).

Dentro de esta estrategia, Netflix lleva años apostando por la producción de contenido original. Así, hay que remontarse al 6 de febrero de 2012, para encontrar el estreno de su primera serie original: *Lilyhammer* (Netflix, 2012-) (Lieberman, 2012). Posteriormente se embarcó en la producción de la aclamada *House of Cards* (2013-) y en la resurrección de la comedia *Arrested Development* (FOX, 2003-2006; Netflix 2014-). Se calcula que, para el año 2018, la plataforma haya producido más de 700 shows televisivos a nivel internacional (Spangler, 2018).

A la par de su estrategia masiva en la inversión y producción de contenido original, surge la alianza con Marvel. Así, como se ha comentado previamente, en el año 2013, Netflix y Marvel (mediante la división especializada Marvel Television) llegaron a un acuerdo con el fin de desarrollar series basadas en algunos de los personajes de la editorial de cómics estadounidense (Lewis, 2013).

4. El universo Marvel en Netflix

Una vez analizado el contexto industrial en el que se ubican las compañías de Marvel y Netflix, la finalidad reside en comprender cómo se ha construido el universo de la franquicia de superhéroes a través de la plataforma de video bajo demanda. Se busca, por tanto, averiguar si los productos de ficción surgidos de dicha alianza comparten características comunes que evidencien sus vínculos empresariales. Para ello, se ha optado por utilizar una metodología basada en el análisis de las series de Marvel y Netflix. De este modo, estamos hablando de: *Daredevil* (2015-), *Jessica Jones* (2015-), *Luke Cage* (2016-), *Iron Fist* (2017-), *The* Defenders (2017-) y *The Punisher* (2017-). Esta muestra agrupa todos los productos de ficción de origen Marvel que se pueden encontrar hasta junio de 2018 en Netflix.

Tabla 1. Series de Marvel en Netflix

TÍTULO DE LA SERIE	FECHA DE EMISIÓN INICIAL	Nº DE TEMPORA-DAS	Nº DE CAPÍTULOS POR TEMPORADA
DAREDEVIL	2015	2	13
JESSICA JONES	2015	2	13
LUKE CAGE	2016	2	13
IRON FIST	2017	2	13
THE DEFENDERS	2017	1	8
THE PUNISHER	2017	1	13

Fuente: elaboración propia a partir de datos de IMDB.

Sobre la muestra seleccionada, hay que señalar que, todas las series analizadas se dirigen a mayores de 16 años (*parental guide*). De este modo, vemos cómo el público objetivo de los productos de ficción Marvel a través de Netflix es un *target* adulto y por tanto, diferente al que la compañía Disney alcanza con la mayor parte de sus series y películas, más dirigiridas a impactar sobre un público infantil, adolescente y juvenil (para mayores de 7 o 12 años).

Relacionado con esta cuestión, cabe resaltar que los superhéroes del universo Marvel representados en Netflix destacan por ser héroes urbanos y personajes menos populares entre el público masivo en su origen en el formato cómic. Por lo tanto, para ambas empresas, la alianza se corresponde con la generación de un contenido específico y particular adaptado al público y las necesidades de Netflix. Todo esto coincide con las declaraciones de Ted Sarandos (uno de los principales responsables de Netflix) en el año 2013, al confirmarse la alianza para la producción de contenido junto a Marvel:

> Marvel's movies, such as Iron Man and Marvel's The Avengers, are huge favorites on our service around the world. Like Disney, Marvel is a known and loved brand that travels. With House of Cards and our other original series, we have pioneered new approaches to storytelling and to global distribution and we're thrilled to be working with Disney and Marvel to take our brand of television to new levels with a creative project of this magnitude (Lewis, 2013).

Como se puede extraer de sus declaraciones, uno de los principales objetivos en su acuerdo con Marvel era el de conseguir que la marca televisiva de Netflix alcanzara nuevos niveles a través de un gran proyecto creativo. Al mismo tiempo el acuerdo permite que Marvel optimice y explore parte de su "patrimonio" no explotado previamente en otros formatos audiovisuales.

Así, estos productos de ficción se encuentran englobados dentro del género "TV de acción y aventuras" y permiten hacer un seguimiento de protagonistas como: *Daredevil, Jessica Jones, Luke Cage, Iron Fist* y *The Punisher*; también introducen personajes secundarios tales como: *Elektra, Trish Walker, Foggy Nelson, Karen Page, Misty Knight, Claire Temple* y *Jeri Hogarth*.

Para efectuar el análisis, se ha buscado produndizar en el visionado de la muestra de acuerdo a los rasgos que intervienen en la construcción de la franquicia televisiva (personajes de Marvel que aparecen en series de Netflix) y la generación de un universo de ficción compartido en torno a tres bloques:

- La imagen de marca, la presentación formal, la estructura y la narración.

- Los personajes, temas y tramas.

- Estética, localizaciones y puesta en escena.

Se considera que encontrar similitudes o diferencias en estos tres grandes bloques será lo que permita hablar de un universo compartido. A continuación, vamos a proceder a exponer los principales resultados extraídos del análisis.

4.1. Universo de ficción compartido: imagen de marca, presentación formal, estructura y narración.

Hemos podido observar cómo se encuentran grandes similutes en la estructura de los productos de ficción analizados (véase la tabla 2). Así pues, la mayor parte de las mismas, a excepción de *The Defenders*, cuentan con 13 episodios que rondan los 50 minutos.

Tabla 2. Duración media de los capítulos

TÍTULO	TEMPORADAS	CAPÍTULOS POR TEMPORADA	CAPÍTULO MÁS BREVE (minutos)	CAPÍTULO MÁS LARGO (minutos)
DAREDEVIL	2	13	48	61
JESSICA JONES	2	13	46	55
LUKE CAGE	2	13	46	66
IRON FIST	2	13	50	61
THE DEFENDERS	1	8	44	56
THE PUNISHER	1	13	49	57

Fuente: elaboración propia.

Al mismo tiempo, se ha observado que la estructura de apertura de los capítulos en las diferentes series analizadas es también muy similar. De este modo, siempre responde a lo siguiente: logo de Netflix, logo de Marvel, escena de apertura, créditos y, por último, el resto del capítulo. En algunas ocasiones, la escena previa a los créditos se elimina, dando pie de forma directa al resto del episodio.

En relación con la escena de créditos, también encontramos similitudes. En la totalidad de las series se utilizan caretas cuya base son imágenes generadas por ordenador (reconstrucciones digitales evocadoras, simbólicas y alegóricas al personaje protagonista y su mundo, que hacen hincapié en atmósferas urbanas y sombrías) estableciéndose una estética compartida y coherente (imagen de marca), véase la figura 1.

Figura 1: Fotogramas de las cabeceras con el título de cada una de las series (elaboración propia)

En lo referente a los contenidos, cada temporada de las series (en el caso de haberse emitido más de una) desarrolla, además, un arco narrativo completo. Es decir, las tramas que ocupan la totalidad de los capítulos de una tanda de emisión narran una historia, más o menos, completa (evidentemente, al tratarse de productos seriales siempre quedan asuntos abiertos sin resolver y elementos que continúan de temporada en temporada).

Como notable diferencia entre las distintas series podría señalarse que, al contrario de lo que podría resultar lógico, no todas las primeras temporadas de cada uno de los personajes narran el origen de sus protagonistas. En este "micro universo" televisivo se emulan, al menos, dos estrategias clásicas de la narración en cómic. En primer lugar, dedicar la primera temporada (o en el caso del medio impreso, los primeros números) a narrar el origen del personaje (o al menos dotar de la información necesaria para que el espectador comprenda su *statu quo*) y establecer sus motivaciones, fortalezas, debilidades (como ocurre en *Daredevil*, *Jessica Jones*[11] o *Iron Fist*). En segundo lugar, otro de los paralelismos que encontramos entre la narración audiovisual de los personajes Marvel en Netflix, que también es muy frecuente encontrar tradicionalmente en los cómics y en el anteriormente citado *Marvel Cinematic Universe*, es la presentación e introducción en la continuidad narrativa compartida de personajes en series (películas/cómics) diferentes a la suya propia. Así, el origen y primera aparición en este entramado audiovisual ficcticio de *The Punisher* no se narró en su primera temporada, sino que ocupó gran parte del segundo año de episodios de *Daredevil*. Ocurre lo mismo con *Luke Cage*, que tuvo su aparición y una especial relevancia en las tramas de la primera temporada de *Jessica Jones*. Por último, al hilo de las tradiciones y formatos narratiavos anteriormente mencionados y presentes tanto en los cómics como en el *MCU*, podemos encontrar que los personajes principales del universo Marvel en Netflix (y buena parte de los secundarios) confluyen en una sola serie que los reune y aglutina en un "supergrupo", *The Defenders*, de igual modo que ocurre con *The Avengers* tanto en su versión cinematográfica como la de cómic en las que los principales héroes (con sus apariciones previas en sus series/películas) se reúnen en un mismo título.

Por otro lado, se podría constatar que la vinculación con el *MCU* de todas las series de Marvel en Netflix es sutil pero existente. No hay referencias claras o explícitas a las tramas y personajes de las películas del *Marvel Cinematic Universe*, como sí ocurre en otros productos audiovisuales televisivos como *Agents of S.H.I.E.L.D.* emitida desde 2013 en ABC (cadena del mismo conglomerado multimedia que Disney-Marvel). Estas menciones que vinculan las series con el *MCU* en las series de Netflix oscilan desde comentarios sobre la existencia de "seres poderosos" (refiriéndose al estatus público de los héroes más populares del *MCU* fílmico), leves referencias a los hechos acontecidos en Nueva York (aludiendo a la invasión alienígena

---

[11] Habría que aclarar que los datos clave del origen de este personaje se revelan durante la segunda temporada, siendo, precisamente, el tema principal (desvelar su pasado) y motivación del personaje durante los episodios que la componen, no obstante la presentación de *Jessica Jones*, sí que se produjo en su propia serie.

sucedida en *The Avengers*), portadas de periódicos referentes a personajes y hechos de las películas o la aparición de un juguete del *Captain America*.

Así pues, se puede ver cómo las series comparten características narrativas entre sí generando una continuidad transversal, con unos rasgos formales comunes (estructura, duración y número de capítulos) con el refuerzo de una imagen reconocible mediante las cabeceras con el fin de asentar los mismos parámetros y generar una marca reconocible del contenido Netflix/Marvel desarrollando así una estrategia para un "paquete de productos" (muy próxima a la desarrollada en el *MCU* cinematográfico y en los cómics).

4.2. Universo de ficción compartido: personajes, temas y tramas.

Otra de las cuestiones que tienen en común las series de Marvel en Netflix es el tratamiento y constante presencia de la violencia en las historias, así como el tipo de personajes que protagonizan las series. En todos los casos los "héroes" no son tales y se corresponderían más con la categoría de "*vigilantes*", justicieros al margen de la ley sin ningún tipo de estatus oficial que imparten lo que consideran justicia, según sus términos, y empleando, en la mayoría de las ocasiones, métodos y técnicas propias de aquellos a los que suelen combatir (criminales, delincuentes, crimen organizado) sin importarles quebrantar la ley durante el proceso (Burke, 2015). Todos los personajes operan al margen del sistema judicial/penal/policial y se embarcan en cruzadas individuales en las que la venganza y los motivos personales son el detonante y el motor de la historia. Bien es cierto que hay grados, *Jessica Jones* llega a colaborar con la policía mientras que *Frank Castle* (*The Punisher*) podría llegar a ser considerado un asesino en serie de delincuentes, agentes del gobierno corruptos y miembros del crimen organizado.

Así, los métodos de acción de los personajes son expeditivos y extremadamente violentos. En muchos casos, el empleo de la violencia viene determinada por la naturaleza de las aptitudes especiales y los poderes de los personajes que suelen ser de índole física. *Luke Cage* y *Jessica Jones* tienen capacidades de resistencia y fuerza sobrehumanas, *Daredevil*, además de sus sentidos aguzados sobrehumanos, posee un entrenamiento de combate cuerpo a cuerpo excepcional (fue adiestrado, desde que era un niño, por el guerrero ciego *Stick*) o *Iron Fist* que, además de ser especialista en artes marciales, puede canalizar la energía interior (o *chi*, según las tradiciones asiáticas) en su puño, permitiéndole asestar golpes increíblemente destructivos y poderosos. El caso más extremo volvería a ser el de *Frank Castle* (*The Punisher*) ya que, pese a no poseer ningúna aptitud sobrenatural o sobrehumana (más allá de un entrenamiento de combate extraordinario tras su paso por las fuerzas especiales del ejército de EE.UU.), es el más violento y expeditivo a la hora de perseguir sus metas y enfrentarse a sus enemigos; es sin duda el personaje que ejerce una mayor violencia sobre sus rivales.

En todos los casos, además, el trágico pasado de los personajes ha condicionado su presente y los sitúa como seres atormentados y emocionalmente dañados. Sus historias de origen les llevan a situarse al margen de la sociedad o a desconfiar de esta sin que por ello dejen de preocuparse o sientan la necesidad, en mayor o menor medida, de intervenir en los conflictos que les rodean; aunque la mayor parte de veces se vean forzados a ello con el fin de cumplir sus metas personales. En todos los casos, la pérdida de un ser o seres queridos forma parte de su bagaje siendo, además, una fuente constante de conflicto ya que los personajes suelen responsabilizarse o culpabilizarse de dichas muertes (no siempre con motivo).

Jessica Jones quedó huérfana (y se experimentó con ella ilegalmente); *Luke Cage*, además de perder a su mujer, también es vícitima de experimentos durante su paso por la cárcel; *Matt Murdock*, alias *Daredevil*, se quedó ciego tras un accidente y la mafia asesinó a su padre (dejándolo huérfano); *Danny Rand/Iron Fist*, tras sufrir un accidente aéreo (que también lo dejó huérfano) fue acogido y entrenado por unos monjes en el Himalaya y *Frank Castle/Punisher* perdió a toda su familia por un complot de su antigua unidad de operaciones encubiertas en el ejército tras verse inmerso en un caso de corrupción y tráfico de drogas.

De esta manera es posible ver cómo los arquetipos de personaje, sus motivaciones, sus traumáticos orígenes (como héroes) e incluso las capacidades y formas de combate que emplean, son muy próximos o semejantes. Como ya se ha comentado anteriormente, estas características se corresponden con la necesidad de crear un producto específico para el medio en el que se emite y acorde a un público adulto (muy alejado del habitual del *MCU* cinematográfico más orientado a las grandes audiencias). Los temas recurrentes a los bajos fondos y el mundo criminal de Nueva York de las series realizan algunos homenajes y heredan referencias y clichés genéricos de los cómics en los que se basan. Así se pueden encontrar temas que redundan en el tono sombrío y violento de las historias, desde el *noir* y detectivesco de *Jessica Jones*, pasando por el *blaxploitation* de *Luke Cage* hasta el género de artes marciales de *Iron Fist*.

Además de la proximidad existente entre los temas, tramas, géneros y arquetipos dentro del universo Marvel en Netflix, otra de las formas que se emplean para generar el universo ficticio compartido es la presencia física de los personajes en otras series. Al incluir a un protagonista, o a los secundarios, en tramas de héroes diferentes se genera una gran sensación de continuidad y transversalidad tanto de las historias como de los personajes, poblando y aumentando un imaginario mayor y más rico que los propios como productos audiovisuales independientes.

PERSONAJE	APARICIÓN FÍSICA EN LA SERIE					
	DAREDEVIL	JESSICA JONES	LUKE CAGE	IRON FIST	THE PUNISHER	THE DEFENDERS
DAREDEVIL	✔					✔
JESSICA JONES		✔				✔
LUKE CAGE		✔	✔			✔
IRON FIST			✔	✔		✔
THE PUNISHER	✔				✔	
ELEKTRA	✔					✔
TRISH WALKER		✔	✔			✔
FOGGY NELSON	✔	✔				✔
KAREN PAGE	✔				✔	✔
MISTY KNIGHT			✔	✔		✔
CLAIRE TEMPLE	✔	✔	✔	✔		✔
JERI HOGARTH	✔	✔		✔		✔

Figura 2: Relación de las apariciones de los personajes principales y secundarios más relevantes en las series de Marvel en Netflix (elaboración propia mediante IMDb.com)

En la figura 2 se muestran las apariciones de los personajes protagonistas, y de los secundarios con mayor importancia en las historias, en cada una de las series. Así, es posible ver cómo el personaje con mayor presencia en toda la continuidad de Marvel en Netflix es la enfermera *Claire Temple*, que tiene apariciones en todas las series salvo en *The Punisher*. Será, precisamente, este personaje el único que no participe en *The Defenders*. Pese a tener su primera aparición y origen en la segunda temporada de *Daredevil, Frank Castle/The Punisher* es el personaje con menor presencia y vinculación con los demás de este microuniverso. Salvo por la aparición de *Karen Page*, no habrá otros elementos ni personajes que lo relacionen con el resto más allá del citado origen. Quizá, la naturaleza más solitaria y violenta del personaje y la crudeza de las tramas propicien, e incluso necesiten, este "aislamiento".

El "tráfico" y la habitual presencia de personajes en diferentes series contribuye, por tanto, a la generación de una continuidad y un universo común del mismo modo que se realizó en el *MCU* en el cine (y anteriormente en los cómics). Los personajes protagonistas, y sobre todo los secundarios, ayudaron con su presencia en las tramas y las películas a constituir las vinculaciones entre los filmes del mismo modo que posteriormente se ha hecho en las series de Marvel en Netflix.

No obstante, pese a constituirse ese "macroentorno narrativo", resulta destacable el hecho de que no es especialmente necesario conocer la trayectoria de los personajes en las series ajenas para comprender el contenido de cada producto (incluso aunque de alguno de ellos su origen fuese narrado con anterioridad en otra serie). Las historias de cada héroe están planteadas para ser consumidas de manera independiente sin que por ello se experimenten carencias de información determinantes para la comprensión de los relatos. Sí que es cierto, sin embargo, que el visionado de las series en conjunto resulta esclarecedor y enriquecedor para los relatos individuales, además de resultar indispensable para el reconocimiento de una continuidad compartida y la existencia de un universo narrativo común.

4.3. Universo de ficción compartido: estética, localizaciones y puesta en escena

Además de las características formales y estructurales, de los arquetipos, de los temas y las tramas y de la recurrencia de compartir personajes entre las series, se han encontrado similitudes estéticas y visuales en lo relativo a las localizaciones y la puesta en escena que también contribuyen a que los contenidos se perciban en cierta continuidad.

El primer elemento que, de manera obvia, repercute en ubicar todas las series en un mismo continuo espacio-temporal es que la práctica totalidad de las acciones que acontecen en las series transcurren en la ciudad de Nueva York (hay excepciones en las que la historia se traslada a otros lugares pero lo habitual es que todas tramas estén hubicadas en este entorno urbano). Así, en diferentes capítulos se muestran ubicaciones universalmente reconocibles y representativas de la ciudad (*Central Park*, el *Rockefeller Center* o *Wall Street*) o se explican con detalle lugares igualmente reconocibles; por ejemplo, *Daredevil* tiene una vinculación especial con el conocido barrio de *Hell's Kitchen* y *Luke Cage* está totalmente arraigado al neoyorkino *Harlem*. En este caso el tópico resulta apropiado y la ciudad "es un personaje más" que, del mismo modo que ocurre con los principales y secundarios, se traslada de serie en serie para dotar de una continuidad y un espacio compartido. Los lugares reales se alternan con otros de la Nueva York ficticia a su vez representados por lugares reales de la ciudad pero menos identificables que las localizaciones más populares: el gabinete de abogados *Nelson & Murdock*, el *Metro Diner* (restaurante y punto de encuentro habitual de varios personajes), la sede de *Rand Entreprises* o el bar de *Luke Cage* son solo algunos de los lugares ficticios que pueden verse reflejados de froma recurrente en varios capítulos de diferentes series.

Además, la ciudad y su escenografía es representada de una forma particular y acorde al tono y temas tratados en las series. Como ya se ha comentado en anteriores epígrafes, las historias tienen un trasfondo oscuro cuando no deprimente y pesimista. La atmósfera que se crea redunda en los temas de las historias y refuerzan la transmisión de los clichés y estereotipos genéricos anteriormente mencionados (sobre todo los correspondientes al género *noir* o detectivesco). La mayoría de las historias transcurren de noche, se representan los bajos fondos y es habitual que se realce la oscuridad y sordidez de los entornos. La ciudad transmite frialdad y dureza, se hace especial hincapié en representar el lugar como hostil y de difícil habitabilidad; es un personaje más y con frecuencia se representa como antagónico, pese a ser el *alma mater* de los protagonistas.

Otra característica común a las series y que está relacionada con la puesta en escena y el vestuario es el aspecto de los personajes. La serie, dentro de lo que cabe y contando con que se trata de ficción, intenta reflejar de manera realista tanto el vestuario como la tecnología y los utensilios que emplean los personajes. En un género de fantasía, como es el de superhéroes, resulta fácil encontrar licencias creativas o narrativas difícilmente justificables o explicables bajo un prisma lógico, pero en este caso, todas las series están planteadas de modo que huyen de clichés del género como los hilarantes y físicamente imposibles coloridos trajes de los superhéroes. La elección de vestuario "realista" con tonalidades menos llamativas que los disfraces de héroe tradicionales contribuye a su vez a configurar esa estética urbana y oscura (adulta) que comparten todas las series. Personajes como *Jessica Jones* o *Luke Cage* ni siquiera llevan "uniforme de superhéroe". Pese a que tienen un vestuario "prefijado" y reconocible llevan, normalmente, ropa de calle (en la primera temporada de *Luke Cage* sí que se realiza un guiño/homenaje al vestuario original del personaje en los cómics pero no deja de ser un chiste para los aficionados). *Punisher* emula la, por otro lado sobria, vestimenta del personaje del cómic con su reconocible logotipo de la calavera pero tan solo al final de la temporada. *Daredevil* quizá sea la excepción entre los personajes protagonistas ya que sí porta lo que podría ser un uniforme de superhéroe "tradicional" (si bien tardó una temporada entera en obtenerlo y dista de los diseños amarillo y negro y después rojo brillante del personaje en los cómics).

Uniendo todas estas cuestiones es posible comprobar que todas las series comparten un factor estético evidente y premeditado que redunda en generar una atmósfera urbana, seria, oscura y, en cierta medida, más realista que otras manifestaciones audiovisuales de héroes procedentes del cómic.

Como muestra de ello, y a modo orientativo, en la figura 3 se proporcionan una selección de fotogramas del primer episodio de cada una de las series que evidencián la proximidad cromática global (que redunda en construir el tono y atmósmera anteriormente descritos). Se puede observar que, en todas ellas, resaltan los tonos oscuros (negros, azules, verdes) y de tonalidades frías (fruto de que gran parte de la acción trascurre noche, en un entorno urbano y habitualmente en lugares sóridos). Los tonos claros se utilizan de forma más ocasional para escenas diurnas pero en cualquier caso las gamas cálidas ocasionales se corresponden con momentos dramáticos puntuales o de acción (incluso es posible a simple vista ver elementos cromáticos que resaltan, tonos cálidos, entre la común frialdad imperante en todos los fotogramas mostrados).

Figura 3: Selección de fotogramas para mostrar la gama cromática de los primeros capítulos de las series de Marvel en Netflix (elaboración propia).

5. Conclusiones

Por último, una vez explicadas las principales características de la relación entre Marvel y Netflix mediante las series basados en personajes de la editorial de cómics que se han estrenado en la plataforma de *streamming* se expondran las principales conclusiones alcanzadas.

En primer lugar, se puede concluir que, la relación de Marvel y Netflix se asienta sobre la necesidad de ambas compañías por ampliar sus estrategias comerciales. Por un lado, el acuerdo permite a Netflix obtener nuevas franquicias y marcas con el fin de ampliar su contenido. Además, la relación le permite explotar, como propio, el universo Marvel, ya existente, conocido por las grandes audiencias y resultar atractivo para estas.

Marvel, por su parte, gana acceso a un público categorizado como joven – adulto, diferente al explotado a través de sus otros personajes y formatos, más dirigidos a públicos adolescentes y juveniles. Al mismo tiempo, la distribución a través de la plataforma de vídeo bajo demanda con más clientes del mercado, posibilita a Marvel el alcanzar e impactar sobre segmentos no afines, hasta el momento, al *MCU*. De este modo, aprovecha el potencial y volumen de negocio de Netflix para explotar nuevos nichos de mercado.

Se establece, por tanto, una relación de necesidad entre ambas compañías que se ven igualmente beneficiadas al explotar las fortalezas de la otra al tiempo que suplen sus propias carencias.

Al igual que hizo previamente en el medio cinematográfico, Marvel, a través de las series de Netflix ha querido construir un universo ficticio audiovisual compartido a través de diferentes pilares:

- Una imagen de marca unificada apoyada por una presentación formal y una serie de elementos visuales, estructurales y narrativos (número, estructura y duración de los capítulos).

- Arquetipos de los personajes "vigilantes" (justicieros o antihéroes) que se desnvuelven en un entorno urbano en ambientes sórdidos y operan al margen de la ley empleando la violencia para conseguir sus fines personales, normalemente motivados por la venganza y la pérdida de seres queridos. La mayoría de ellos dispone, además, de capacidades y poderes extraordinarios.

- Estos personajes (protagonistas y secundarios), a su vez, aparecen de forma recurrente en varias series y desarrollan tramas y acciones de forma conjunta dotando de una sensación de continuidad y pertenencia a un mismo continuo espacio-temporal. De igual modo que en el *MCU* cinematográfico, hay personajes que son presentados en otras series e incluso, la mayoría de ellos, confluyen en un mismo título, *The Defenders*, emulando la estrategia cinematográfica seguida *con The Avengers*.

- La creación de una estética reconocible y compartida entre todas las series que viene determinada por: aunar un conjunto de localizaciones y escenarios, entre los que predomina la ciudad de Nueva York; la utilización de localizaciones ficticias creadas *ad hoc*, la introducción de un vestuario sobrio y de corte más realista que otras versiones de superhéroes y por el uso de una paleta de colores predominantemente fría y oscura para incidir en el tono serio, violento y de género (*noir*, policiaco, detectivesco) que con frecuencia homenajean y emulan cada una de las series.

Pese a que existen vinculaciones y referencias al *MCU* cinematográfico estas son muy limitadas y sutiles probablemente con el fin de difererenciarse, adecuarse a otros productos de la plataformo y para atraer a públicos no directamente relacionados con las peliculas de Marvel. Por ello, la mayor parte de las relaciones existentes e intercambios de contenido entre las series redundan en los propios productos de ficción generados por la alianza Netflix/Marvel; es decir, entre su microuniverso particular.

Por último, se abren interrogantes en relación a la futura continuidad de los productos de Marvel en la plataforma de video bajo demanda. En 2017 Disney anunció el lanzamiento de su propio sistema de vídeo en *streaming* lo que hace suponer que, como mínimo, revisará la situación actual, limitará el desarrollo de nuevos proyectos e incluso puede suponer la cancelación de los actuales. También existe la posiblilidad de que se mantenga esta relación para aprovechar una segmentación de audiencias distintas a las que, hipotéticamente, pueda tener la nueva plataforma de Disney y así acceder a un mayor tipo de públicos.

Referencias bibliográficas

Amidon, M. (2013). Netflix: the company and its founders. North Mankato, Minnesota: ABDO.

Brooks, B. (2009). "Disney Swoops Into Action, Buying Marvel For $4 Billion". The New York Times. Recuperado de https://www.nytimes.com/2009/09/01/business/media/01disney.html

Burke, L. (2015). The Comic Book Film Adaptation. Jackson: Universty Press of Mississippi

De Prada, Í. y Rodríguez, S. G. (2012). El viaje del Superhéroe: la historia secreta de Marvel en el cine. Palma de Mallorca: Dolmen Editorial.

Espinel, R. (2017). "Cuánto ha invertido Netflix en contenido en los últimos años?". Producciónaudiovisual.com. Recuperado de https://produccionaudiovisual.com/produccion-cine/inversion-contenidos-netflix/

Guiral, A. (2008). Del tebeo al manga: una historia de los cómics, 3. El comic-book: superhéroes y otros géneros. Gerona: Panini España.

Howe, S. (2012). Marvel Comics: la historia jamás contada. Gerona: Panini España.

IMDB (2018). Retrieved from https://www.imdb.com/

Koblin, J. (2017). "Netflix Says It Will Spend Up to $8 Billion on Content Next Year". The New York Times. Recuperado de https://www.nytimes.com/2017/10/16/business/media/netflix-earnings.html

Lewis, H. (2013): "Netflix Orders Four Original Marvel Series". The Hollywood Reporter. Recuperado de https://www.hollywoodreporter.com/heat-vision/marvel-netflix-agree-create-original-654171

Lieberman, D. (2012). "Netflix Sets February 6 Debut For 'Lilyhammer'" Deadline. Recuperado de http://deadline.com/2012/01/netflix-sets-february-6-release-for-lilyhammer-209145/

Richter, F. (2018). "Netflix Reaches 130 Million Suscribers". Statista. Recuperado de https://www.statista.com/chart/10311/netflix-subscriptions-usa-international/

Riambau, E. (2011). Hollywood en la era digital. Madrid: Cátedra.

Spangler, T. (2018). "Netflix Eyeing Total of About 700 Original Series in 2018". Variety. Recuperado de https://variety.com/2018/digital/news/netflix-700-original-series-2018-1202711940/

Wolk, A. (2015). Over The Top: How The Internet Is (Slowly But Surely) Changing The Television Industry. CreateSpace Independent Publishing Platform

Películas

Blade (Norrington, EE.UU., 1998).

Captain America: The First Avenger (Johnston, EE.UU., 2011).

Iron Man (Favreau, EE.UU., 2008).

Iron Man 3 (Black, EE.UU., 2013).

Spider-Man (Raimi, EE.UU., 2002).

The Avengers (Whedon, EE.UU., 2012).

The Wolverine (Mangold, EE.UU., 2013).

Thor: The Dark World (Taylor, EE.UU., 2013).

X-Men (Singer, EE.UU., 2000).

Series

Agents Of S.H.I.E.L.D (ABC, EE.UU., 2013).

Arrested Development (FOX, EE.UU., 2003-2006; Netflix, EE.UU., 2014-

Daredevil (Netflix, EE.UU., 2015.-).

House of Cards (Netflix, EE.UU., 2013).

Iron Fist (Netflix, EE.UU., 2017 -).

Jessica Jones (Netflix, EE.UU., 2015 -).

Lilyhammer (Netflix, EE.UU., 2012).

Luke Cage (Netflix, EE.UU., 2016-).

The Defenders (Netflix, EE.UU., 2017 -).

The Punisher (Netflix, EE.UU., 2017 -).

CAPÍTULO VII

TRASLACIONES DEL COMIC A LA PANTALLA DE CINE: FRANK MILLER Y EL CINE DE BATMAN

Jordi Montañana Velilla

1. Introducción

En 1939 la aparición de Batman en la edición número 27 de Detective Comics de la mano de Bob Kane, supuso el nacimiento de un nuevo vigilante que, junto con Superman, fueron un reflejo del contexto histórico-social y de las necesidades y anhelos de la sociedad americana. A lo largo de los años, la evolución de las viñetas y las historias Caballero Oscuro estuvieron ligadas a la evolución social de los Estados Unidos. Tanto es así que los creadores de las viñetas y cómics de Batman tenían que adaptarse a los cambios sociales y a las demandas de una sociedad cada vez más compleja, a la hora de crear un superhéroe atractivo a lo largo de las décadas.

La figura icónica del superhéroe en general y Batman en particular, ha trascendido más allá de las viñetas y ha pasado a formar parte de nuestro imaginario social. Desde la máscara, hasta el símbolo e incluso el logo son claramente reconocibles por múltiples generaciones, desde los más jóvenes a los más adultos reconocen el símbolo del Caballero Oscuro, por mucho que haya ido evolucionando a lo largo de los años. Ha saltado de las viñetas de papel, de las tiras en los periódicos y los cómics a los fotogramas e incluso a traspasado la pantalla para crear sagas digitales de videojuegos de acción.

Estas *adaptaciones* de un medio a otro o traducciones semióticas (Scolari, 2016: 46), ponen de manifiesto la multidisciplinariedad del superhéroe como objeto transmedia con capacidad de cohabitar en múltiples plataformas. Este hecho facilitó la expansión del universo Batman, llegando a crearse adaptaciones inversas: si anteriormente se realizaban adaptaciones cinematográficas o televisivas basándose en El Hombre Murciélago, actualmente se han creado novelas gráficas a partir de las historias plasmadas en la saga de videojuegos *Batman: Arkham*.

La cantidad de vías de comunicación que cohabitan es ciertamente inmensa, y esto supone una complejidad y una multiplicación de formas discursivas que hacen que estos análisis sean tan interesantes: desde el estudio de novelas gráficas, cine, series, hasta el estudio de videojuegos y sus universos expandidos, nos da buena cuenta de la magnificación de las industrias culturales. Y en el caso de la novela gráfica, podemos afirmar apoyándonos en los textos de Jorge Carrión, que ésta "disfruta en estos momentos de un estatus en progresión cada vez mas cercano al de la gran literatura" (Carrión, 2011: 47). La novela gráfica se ha situado en el estatus de obra de culto. El contenido, previamente enfocado al público infantil se transformó y empezó a trazar una dimensión más adulta y un enfoque más oscuro y profundo, ahondando en la psicología y en debates filosóficos sobre la ética y la moral de las acciones de sus protagonistas. En los años 80 y tras sufrir periodos de clara decadencia comercial, Batman resurgió como un poderoso héroe enmascarado de la mano del guionista Frank Miller. En las viñetas, Batman se enfrentaba no sólo a villanos, sino a si mismo, a sus miedos interiores y a conflictos éticos y morales en una Gotham cada vez más decadente.

En el presente capítulo partimos de dos premisas: en una primera instancia queremos demostrar la relación que guarda la evolución del superhéroe en las novelas gráficas del Caballero Oscuro como representación de la evolución social de los Estados Unidos y, en segundo término se estudia la influencia del estilo de Frank Miller a través de las novelas gráficas *Batman: The Dark Knight Retuns (1986)* y *Batman: Year One (1988)* como elementos imprescindibles para comprender el desarrollo psicológico del personaje de Batman desde una perspectiva ética y moral, para entender el por qué de sus actos y las motivaciones que le mueven a acometerlos. Además, para reforzar este estudio se estudiará la transmediacidad y la traslación del arte y grafismo del superhéroe través de los ejemplos cinematográficos de la Trilogía del Caballero Oscuro (Nolan, 2005-2012) y Batman v. Supermán (Snyder, 2016)

2. Contexto social y el género de Superhéroes

Si para algo más que entretenimiento sirven los cómics y los superhéroes es para entender el contexto social en el cual se han desarrollado sus protagonistas. Adaptando y adoptando la mitología clásica como base creativa, el superhéroe nace como una figura salvadora y garante del orden social americano. El superhéroe es pura cultura americana y su evolución va ligada al desarrollo, crecimiento y mentalidad del pueblo americano.

El género de las historias de superhéroes ha bebido y se ha visto influenciado desde su creación por géneros, esencialmente, literarios: aventuras, fantasía, romántico, noir y pulp, entre otros. Si bien el concepto de género es ciertamente complejo de definir, podemos decir en primera instancia que los géneros se han construido y tomado prestadas sus referencias del lenguaje literario, y los han acondicionado y adaptado a los preceptos actuales. Los géneros siguen una serie de patrones, formas, estilos y estructuras (Neale, 1980: 7) reconocibles que permiten al lector de novelas, cómics o al espectador de cine y televisión entender e identificar la construcción narrativa de la historia y seguir el transcurso de la misma con la mayor naturalidad y conocimiento posible.

Podemos sugerir que el género de Superhéroes es un género *per se* ya que contiene "un sistema de reglas de expresión y construcción mediante la cual se consigue un abanico de emociones para sus consumidores" (Coogan 2006: 25). Además, todas las narrativas de superhéroes mantendrán el mismo corpus central para poder desarrollarse dentro del género que las aglutina sin descartar pequeñas variaciones que enriquezcan la historia. La construcción narrativa de las historias de superhéroes comparte las mismas figuras y temas recurrentes como, por ejemplo, la doble identidad, los uniformes, las máscaras y habilidades sobrehumanas. Según Daniel Braun:

> Los Superhéroes siguen un código y grupo de principios que pueden ser o no explícitos pero los cuales envuelven al menos (a) la protección de inocentes, ciudadanos o testigos, gente normal señalada por criminales o en peligro, (b) cierta noción de la justicia que a veces sobrepasa la ley pero normalmente enmarcada entre las preocupaciones liberales de la libertad individual y la propiedad privada, y (c) el rechazo a matar. Los Superhéroes normalmente se encuentran entre dos identidades distintas, una civil, en la cual ellos visten y actúan de forma "normal" y se mezclan con los ciudadanos y una identidad de superhéroe, representada por "un nombre en clave y un icónico traje" (Coogan, 2006, 280) la cuál es conocida públicamente (Braun, 2013: 24).

En este contexto, Superman fue el primer superhéroe creado en el escenario de la Gran Depresión. Era representado como el hombre del futuro, basado en ideas nobles. En sus inicios, el enemigo era el sistema imperante en Estados Unidos. Posteriormente los enemigos de los Superhéroes era los enemigos de Estados Unidos en las Guerras Mundiales. Era la victoria del bien sobre el mal (Herraiz y Montañana, 2017). A posteriori aparecerían otros enmascarados que librarían batallas similares y eran el espejo en el que la sociedad se veía reflejado y anhelaba su éxito. Entre ellos, Batman.

El Caballero Oscuro, creado por Bob Kane en 1939, se distanciaba en los postulados adoptados por Superman. Adoptaba el nombre de una criatura terrorífica, el murciélago, vestía con colores negros y decidía actuar en la noche, ocultándose en las sombras y "convirtiéndose un símbolo que aterrorizaba a los criminales" (Johnson, 2014: 4). Batman no actuaba a la luz del día. Tampoco contaba con el fervor ni el beneplácito de la sociedad de Gotham. Aún así, durante sus primeros años se convirtió en una amenazante figura que combatía el crimen. Sin embargo, Batman cambió profundamente a raíz de la Segunda Guerra Mundial. Ya no se necesitaban superhéroes que aterrorizaran a criminales, se necesitaban superhéroes que luchasen del lado americano contra las amenazas que venían desde Europa y

Asia. Batman se adaptó a las necesidades y deseos de una conservadora sociedad norteamericana y cambió su terrorífica imagen de caballero enmascarado nocturno, por una más jovial y amistosa que combatía la amenaza bélica (Johnson, 2014: 19).

Tras la Segunda Guerra Mundial, nuevamente el personaje cambió - evolucionó - al igual que lo hicieron los enemigos a los cuales se enfrentaba y las motivaciones que les movían a acometer los crímenes. Normalmente estos villanos eran una suerte de *freakish characters* (Ibid., 2014: 21) o grotescos individuos que se oponían a las leyes que regían el país. Uno de los más celebres villanos, el Joker, apareció por primera vez en la edición #1 de Batman en 1940. Posteriormente aparecería bajo el sobrenombre de *Red Hood* en la edición #168 de Detective Comics de 1951. Casualmente, Alan Moore utilizó la figura de *Red Hood* en el magnífico comic *Batman: The Killing Joke* (Moore, 1988), para mostrar el pasado del personaje, inédito hasta la fecha, y su transformación final en el Joker. Recomiendo encarecidamente la lectura del trabajo de Rik Spanjers *"The Killing Joke: the Joker's Laughter and Resistance"* (Spanjers, 2010) en referencia a la figura del Príncipe del Crimen.

Retomando nuestro análisis social, en la postguerra advertimos como se produce una paradoja en la construcción del personaje heroico. Si en sus inicios el superhéroe cuestionaba los estamentos del Estado como ya hemos mencionado, posteriormente evoluciona hacia un camino más conservador y se alía con el propio sistema, primero para salvaguardarlo de la amenaza bélica y posteriormente para hacer frente a aquellos que cuestionaban la autoridad del país. En los años 50, Batman se había convertido en un símbolo del conservadurismo norteamericano y de estabilidad, en un referente para los jóvenes estadounidenses. Sin embargo, los cómics se vieron afectados por cierta presión mediática y política. El psiquiatra Fredric Wertham tachó estas historias de indecorosas, corruptoras de la juventud e incluso de fomentar la homosexualidad (Daniels, 1999: 88). A partir de este momento se creó un código que regía el contenido de las historias presentes en las novelas gráficas, el conocido como *Comics Code Authority*.

Durante los años sesenta, la conocida como época plateada o *Silver Age* de los cómics, se germinó una revolución social y cultural que provocó, en parte, que las historias de superhéroes dejaran de enfocarse únicamente a un público eminentemente joven y adolescente. Estos renacidos héroes tenían problemas cotidianos y sociales como cualquier persona de a pie. La transformación que afrontaron estos superhombres y supermujeres facilitó un acceso a un público generalista y mayoritario que aceptó a estos luchadores. Dejaron de ser deidades para convertirse en ciudadanos. El lector se veía más representado en la figura de Peter Parker, un joven tímido e introvertido, que en la de Clark Kent. En este punto, los superhéroes tenían una interacción real con los conflictos sociales e ideológicos en Estados Unidos.

Estas nuevas historias introdujeron y desarrollaron un ramillete importante de temas que afectaban a toda la sociedad como la ética, la responsabilidad social, la justicia o el orden (Herraiz y Montañana, 2017).

Esta reestructuración de las características de los superhéroes se trasladó también al arte y al dibujo de artistas como Carmine Infantino. El estilo de Infantino se acercaba al arte contemporáneo y abandonaban el estilo *cartoon* que habían adoptado en años anteriores. Uno de los cambios más importantes que aplicó el editor Julius Schwartz fue la modificación del logotipo de Batman. Enmarcó el murciélago en un óvalo amarillo. Este atractivo logo fue el reflejo de la creciente influencia del *pop art* que irónicamente tomó muchas de sus ideas del cómic y las tiras cómicas (Johnson, 2014: 33). Un ejemplo de ello eran los trabajos de Roy Lichtenstein.

La cultura pop favoreció la aparición de estos enmascarados justicieros en los televisores. Batman tuvo una presencia muy importante en formato serial (*Batman*, 1966-1968). La buena acogida que tuvo entre la audiencia la serie protagonizada por Adam West sirvió de impulso para producir la película de 1966 (*Batman: The Movie*, Leslie H. Martinson, 1966) como interludio entre las temporadas de la serie emitida en la ABC. Pero a pesar de la gran acogida pública que tuvo en televisión, la imagen de Batman en las novelas gráficas se vio tremendamente adulterada para agradar al público. La versión oscura y terrorífica de El Caballero Oscuro había desembocado en una versión televisiva simplona, colorida y burda de si mismo. Tras varios intentos por relanzar la carrera comercial del Hombre Murciélago, en la década de los 70 y bajo el paraguas del conflicto de la Guerra de Vietnam, el justiciero enmascarado adopta una nueva postura influenciada, en gran parte, por el malestar, la apatía y la visión de una deprimida sociedad americana. Desde la edición Batman #251 en septiembre de 1973 hasta Batman #256 de junio de 1974, El Caballero Oscuro se sumió en una etapa de tormento pero sin embargo, este dolor interior y agonía eran entretenidos para los lectores (Johnson, 2014: 73). A los lectores les gustaba ver sufrir a su héroe.

Durante la evolución del superhéroe, el villano también evoluciona. Esta evolución profunda y psicológica afecta a superhéroes y antagonistas por igual. La concepción clásica de héroe se pervierte y cambia y ya no está basada en los mismos estereotipos que en sus inicios. La separación entre el bien (héroe) y el mal (villano) ya no es tan evidente como lo fue anteriormente. La evolución del superhéroe conduce a un nuevo héroe conocido como post-superhéroe. La difuminada línea que divide los conceptos del bien y del mal ha brindado a estos héroes nuevas habilidades y características, manteniendo algunas del héroe clásico. Por lo tanto, el héroe ya no es puro en valores como en sus inicios, a pesar de que todavía lucha por causas justas, pero sufre las acciones que él o ella hace. Estas acciones pueden ser positivas para el colectivo, para la sociedad, pero negativas para el héroe, lo que afecta personalmente.

La existencia necesaria del villano en estas historias es producida por la existencia de un héroe. Es una paradoja en sí misma. El héroe no existe sin un villano, y un villano no existe sin la necesidad de vencer al héroe. Entonces, no hay ningún bien (héroe/vida) sin maldad (villano/muerte). La definición de bueno ya no era sinónimo de legal ni la de malo con ilegal. Batman continuaba mirándose en el espejo de la vida real de unos Estados Unidos cada vez más oscuros (Johnson, 2014: 85).

3. Miller y el resurgimiento del Caballero Oscuro

"Él quería limpiar una ciudad a la cual le gustaba estar sucia". Con esta oración se abre uno de los últimos capítulos de *Batman: Year One* (Miller, 1988) y resume a la perfección la nueva época del Caballero Oscuro, luchando en una ciudad corrupta, oscura, moralmente desestructurada y violenta. En los años 80 y de la mano de Frank Miller, Batman tuvo un periodo de oscuridad narrativa y complejidad emocional que nos alcanza hasta la fecha.

No en vano, múltiples publicaciones en diversas plataformas (cómic, cine, videojuegos) han utilizado referencias de esta década para desarrollar las historias de El Hombre Murciélago. En los 80 los cómics de superhéroes se sumergieron en una etapa subrayada como "desalentadora y áspera" (Braun, 2013: 168). Floreció la creciente popularidad de los antihéroes que atrajeron al público y no los despreciaban. Las historias eran cada vez más oscuras, dramáticas, más violentas que nunca y sus rudos personajes abandonaban sus "coloridos trajes" (Ibid., 2013: 168) en favor de una gama de grises y negros predominantes.

En este periodo de reajuste del concepto característico de superhéroe, los temas centrales que se abordaban a lo largo de los años pasados cambiaron y con ello cambió también el género de superhéroes. Se reinsertaron en cierta medida, "parte de la violencia y desenfreno arrebatado de los cómics de superhéroes a causa de la ley censora de los años 50" (Ibid., 2013: 169) y esto facilitaba el surgimiento de figuras antagónicas más poderosas, antihéroes atractivos y del gusto del lector y una gran carga filosófica que abría de nuevo el debate sobre la ética y la moral y la repercusión de los actos de los personajes.

Frank Miller y Allan Moore crearon una nueva versión del héroe prácticamente desconocida hasta entonces. Con un enfoque predominantemente adulto estas historias estaban llenas de un contenido maduro, con situaciones narrativas complejas. La forma en que Batman actúa más allá de la ley y con una preocupante falta de moral, refuerza el sentido de un antihéroe o un héroe maquiavélico que justifica sus acciones como vehículo para alcanzar sus presuntamente loables objetivos.

Ambos revolucionaron el concepto de superhéroe, pero como afirma Moran, "El Regreso del Caballero Oscuro (*The Dark Knight Returns, 1986)* Miller hace una reconstrucción del mito heroico actualizándolo a los nuevos tiempos" (Moran 2015: 224) y en *Batman: The Killing Joke* (*Moore, 1988*), Alan Moore plantea el dilema de la coexistencia necesaria del héroe y el villano como una unidad indisoluble, como una lucha permanente entre el bien y el mal, puesto que no existe un héroe si no existiesen villanos. Jeff Brenzel refuerza esta hipótesis argumentando que la batalla entre un héroe y un malvado es "en lo esencial un conflicto (…) entre el bien y el mal" (Brenzel, 2010: 233).

3.1 Ética y moral en una Gotham enferma

Podemos pensar que las motivaciones que mueven a los superhéroes y en concreto a Batman no son altruismo puro y sin condiciones, sino que están afectadas por sus traumas infantiles, el contexto social de una deprimente Gotham y la presencia continua de villanos. Entonces nos planteamos si la lucha del héroe frente a los villanos es en cierta medida una lucha por la sociedad o por él mismo. ¿El Batman de Miller es libre de realizar sus actos contra el crimen? ¿Hay algo que le impulse irremediablemente hacia su lucha casi suicida por salvaguardar una ciudad que debate su legitimidad como vigilante y es perseguido por la policía? ¿Realiza sus actos por su bien o por el de la sociedad?

En este contexto, no sabemos si los preceptos de la corriente roussoniana, cuando Jean-Jacques Rousseau sostiene que el hombre es bueno por naturaleza, son correctos, lo cual apoyaría la idea del brazo ejecutor del superhéroe como liquidador de aquellos que han sido corrompidos como un acto para preservar el bien general o hay que mirar hacia el pensamiento de Hobbes por el cuál estamos destinados a despedazarnos los unos a los otros al ser el ser humano una amenaza para los de su especie (Scaliter y Cuadrado, 2013: 22), lo cual pondría de manifiesto que a todos nos mueven unas motivaciones individuales, unas luchas personales y no buscamos el bien general sobre el particular, sino que este es una consecuencia de nuestro bien personal. Si nos basamos en los preceptos trabajados por Casetti y Di Chio cuando hablan del rol del personaje, se remarca la existencia de dos tipos de héroe: *official hero* y *outlaw hero* (Casetti y Di Chio 1991: 180). El primero de estos está plenamente aceptado, apoyado y reconocido por la sociedad en la que vive y busca un bien general (idea roussoniana) mientras que el segundo actúa para alcanzar un objetivo personal que puede ser, a su vez un bien general. Este sería, a nuestro juicio, el caso de Batman.

¿Entonces qué nos motiva a aceptar a este héroe? ¿Qué nos atrae de este superhéroe más cercano a un antihéroe que al clásico personaje heroico? Las historias basadas en antihéroes como personajes principales "están diseñadas para dar lugar a respuestas morales intuitivas que son, de hecho, erróneas desde un punto de vista racional" (Vaage, 2016: 24). Presuntamente "la ética parece condicionar la empatía hacia los comportamientos ajenos" (Scaliter y Cuadrado, 2013: 36) que como espectadores observamos de los personajes. Esto afectaría al modo que tenemos de ver y valorar moralmente los actos realizados por Batman, pero, sin embargo, a pesar de saber que está sobrepasando los límites de la legalidad en muchos casos, seguimos apoyando su cruzada. ¿Es ético y moral el proceso de actuación de Batman mediante el prisma de Frank Miller? Depende. En una mirada general al mundo en el que se desarrolla la historia de El Caballero Oscuro, el fin que persigue Batman es loable pese a que los medios sean discutibles. Pero en una sociedad corrupta y apática, la aparición de un cruzado enmascarado que intenta reinsertar la sociedad debería ser moralmente aceptada.

Hay un término que nos ayudará a entender mejor esta atracción fatal sobre los justicieros y antihéroes: el concepto de *allegiance*. Podemos definir este término como lealtad o afinidad, en este caso, sobre un sujeto o personaje. La convivencia permanente con un personaje impulsa al espectador a evaluarlo moralmente y, en ciertos casos, aceptarlo y celebrar sus triunfos y sufrir su agonía.

Al identificar al personaje como una persona, un ser humano, le estamos calificando con un perfil emocional, empático, social y presumiblemente intelectual, es decir, un reflejo de lo que somos o podemos llegar o queremos llegar a ser. Le asignamos "una personalidad y un carácter que lo definen como unidad psicológica" (Canet, 2003: 14) como lo somos nosotros mismos y se le identifica mediante la dotación de "rasgos distintivos" (Bal, 1985: 14-15). El filósofo Nöel Carroll define el término *allegiance* como una especie de pacto entre el espectador y el personaje: "Podemos estar de acuerdo con un personaje (sic) a partir de compromisos morales compartidos con él" (Carroll 1996: 116). Por su parte Murray Smith amplía esta suerte de pacto y define *allegiance* como "un nivel de relación (espectador-personaje) en el cuál el espectador responde de forma afectiva o antipática hacia un personaje o grupo de personajes" (Smith 1995: 62). Es interesante en este punto observar el grado de subjetividad que tiene este proceso de identificación sobre un personaje. Por último, la definición de Carl Plantinga es la más profunda e interesante de las tres que estamos planteando sobre el concepto *allegiance*. Plantinga nos invita a que "(nosotros) debemos considerar el concepto *allegiance* como una relación establecida sólo después de un desarrollo del personaje y una narrativa apropiada. *Allegiance* es un concepto que debe desarrollarse al largo plazo y depende de la evaluación moral del espectador sobre el personaje mientras que las simpatías (sic) pueden ser a corto plazo e independientes de evaluaciones morales" (Plantinga 2010: 41).

Así pues, este pacto y relación espectador-personaje se producirá a largo plazo y se ve reforzado por la serialidad de las historias. Por tanto, es más fácil empatizar con estos antihéroes en seriales de televisión y novelas gráficas que en un film, por el simple hecho de la repetición dado que los seriales y las novelas favorecen la construcción narrativa y psicológica del personaje con mayor profundidad y atención, como en el caso que nos ocupa de las historias de Batman de Frank Miller. No en vano, Miller cerró una historia de Batman en *The Dark Knight Returns* para reabrir desde cero la historia del nacimiento de El Caballero Oscuro en *Batman: Year One* desde su visión holística de la sociedad. El Caballero Oscuro reconoce su figura como vigilante y preservador del bien en Gotham a pesar de las posibles barreras éticas y morales que derrumba: "sin duda, somos criminales, siempre hemos sido criminales. Tenemos que ser criminales". (Skoble, 2010: 62).

3.2. Miller, Batman y el homenaje cinematográfico

A lo largo de este trabajo hemos podido observar como la evolución de Batman ha ido ligada tanto al contexto social como a la influencia de los artistas que dirigían sus historias. En el caso de Frank Miller, hay evidentes marcas enunciativas en diversas películas de la franquicia del Caballero Oscuro que nos indican homenajes premeditados. Según la *Real Academia Española de la Lengua* (RAE) podemos definir homenaje como un *"acto o serie de actos que celebran en honor de alguien o de algo"*. Y además en su segunda acepción encontramos la clave para entender los homenajes que cineastas como Zack Snyder realizaban al propio Miller. Así pues, homenaje puede entenderse como la *"veneración, respeto hacia alguien o de algo"*.

Figuras 1 a 4. Las portadas de la edición *prestige* de The Dark Knight Returns. DC Comics 1986

Esta admiración por parte de los cineastas sobre la obra de Frank Miller no es más que un reconocimiento a su transgresor trabajo. De hecho, y como veremos más tarde en este capítulo, se traslada directamente la viñeta a la pantalla, con los mismos encuadres, el mismo tono y estilo e incluso la misma escenografía.

La novela gráfica de The Dark Knight Returns (1986) es altamente cinematográfica y televisiva (Pérez García, 2015: 10) lo cual favoreció los continuos homenajes que se produjeron a posteriori. El uso de una composición visual cercana al plano cinematográfico, a la colocación de los personajes y el encuadre dan buena muestra de la capacidad que tenía Miller de redefinir la visión de la viñeta y reforzarla dotándola de cualidades prácticamente fílmicas. Así como las portadas de sus ediciones *prestige* de The Dark Knight Returns (1986) eran ciertamente minimalistas, reduciendo el dibujo a la mínima expresión, destacando el simbolismo y la iconografía (Ibid., 2015:

10) ligada al Caballero Oscuro (figuras 1 a 4) el trazo y dibujo de las historias del Batman por parte del propio Miller y Lynn Varley nos trasladaban a un arte realista y noir de la pintura de los años 40.

Un arte deudor y con clara motivación referencial a grandes pintores del siglo XX como Edward Hopper (figuras 5 y 6). Como podemos ver en el ejemplo de Nighthawks, la referencia es total, desde la composición de la imagen hasta la sustitución del cartel de "Phillies" por "Hopper" para arrancarnos cualquier tipo de duda que tengamos y reafirmar el decidido homenaje.

Figura 5 Arriba. Nighthawks de Edward Hopper (1942)
Figura 6 Abajo. Viñeta del cómic Batman: Year One. DC Comics 1988

En este capítulo obviaremos las películas de animación de la franquicia de Batman dedicadas expresamente a cada uno de los cómics puesto que son traslaciones de viñetas en personajes animados. Sin embargo, sí que queremos hacer referencia a las películas de acción real desarrolladas después del lanzamiento de *The Dark Knight Returns y Batman: Año Uno*, desde 1989 a la actualidad, centrándonos en la trilogía de *Batman* de Cristopher Nolan y *Batman vs. Supermán* principalmente.

El director Tim Burton devolvió a Batman a finales de los 80 a la gran pantalla. Tomó prestadas ciertas inspiraciones de los cómics de la década y se alejó de la versión kitsch y colorida del Batman de 1966. Convirtió a Gotham en una ciudad oscura y gótica dirigida por corruptos políticos y sitiada por grotescos villanos. La mayoría de las historias de Batman (1989) y Batman Returns (1991) transcurren de noche en las calles de Gotham y aparecen villanos como el Joker, Catwoman y El Pingüino más fieles a la realidad de los cómics que no la *campy style* (Johnson, 2014) o versión colorida y kitsch que se llevó a cabo en los años 60. Volvió, sin duda, a la idea original de lo que era Batman: Un vigilante nocturno que aterrorizase a los villanos.

Sin embargo, durante la década de los 90 la incursión de nuevos directores no acompañó la visión que Burton había sembrado y se volvió de nuevo a la parodia y la burla. Si bien es cierto que había algún homenaje lejano y encontramos ciertas reminiscencias de algunos personajes icónicos como la aparición de un mal desarrollado personaje de Bane, la vuelta de los *freakish characters* y el tono simplón de las historias de El Caballero Oscuro no auguraban un futuro alentador alejado cada vez más de los comics.

Figura 7. "Nacimiento" de El Hombre Murciélago. Número 1 de Batman. Creado por Bob Kane. DC Comics 1940

El cambio de siglo trajo de la mano una revisión de Batman de la mano de Christopher Nolan. La absoluta libertad de creación que tuvo el director que tomó referencias de ciertas historias presentadas en las novelas gráficas de El Hombre Murciélago y presentó a personajes tan interesantes como El Espantapájaros o Ra's Al Ghul y al Joker mejor trabajado de todos los que han salido en pantalla. Además, Nolan creó desde cero a Batman, como sucede en *Batman: Year One*. Crea un arco dramático por el cuál podemos entender las motivaciones de Bruce Wayne para convertirse en un vigilante enmascarado. De hecho, esta construcción del personaje tiene mucha más profundidad en la película de Nolan siguiendo el camino marcado por Miller en Year One que en el número 1 de Batman de 1940, dónde se produce el debut de Batman.

En el primer número de la saga (figura 7.), Bob Kane transforma a un huérfano Bruce Wayne en Batman en tan sólo 12 viñetas sucesivas y marcando una elipsis temporal importante. Además, aduce el uso de la ciencia y la fuerza para cimentar el poder que tendrá a posteriori Batman.

Como observamos en la figura 8, la novela Batman: Year One de Frank Miller se inicia con una portada contundente de la muerte de los Wayne. Posteriormente tras una presentación y contextualización del momento y del lugar, se nos enseña el entrenamiento que lleva a cabo Bruce Wayne, siguiendo un calendario temporal para entender el paso del tiempo.

En la figura 9 tras una disputa callejera, Bruce Wayne es malherido y llega moribundo a su mansión. A partir de ahí, en una suerte de montaje paralelo a lo largo de 16 viñetas, se cuenta la tragedia de los Wayne y la inspiración del murciélago como alter ego de Bruce Wayne. Esta sucesión de acontecimientos es muy similar a la acontecida dos años antes en The Dark Knight

Figura 8. Batman: Year One. DC Comics 1988

Returns, cuando un viejo Bruce Wayne vuelve a recordar el trauma de su infancia (con mayor detalle incluso) acabando la secuencia de la misma forma, la aparición del murciélago rompiendo la cristalera. Nolan utiliza una estrategia similar en Batman Begins (2005). Plantea el atraco y muerte de los Wayne, la venganza de Bruce, el entrenamiento personal que lleva a cabo y tras un periodo de desaparición voluntaria, vuelve a Gotham para impartir justicia. Así pues, podemos decir que Christopher Nolan utiliza esta construcción secuencial de la historia de Bruce Wayne para dimensionalizar la figura futura de Batman, otorgarle trasfondo y, además, hacernos conocedores de su historia.

Figura 9. Batman: Year One.
DC Comics 1988

Pero realmente, quien va a llevar a la pantalla el arte de Miller sin ninguna duda es Zack Snyder. Es quien puede acuñar el término homenaje como tal. Viñeta y fotograma se fusionan para recrear situaciones ya existentes de un modo idéntico. Snyder ya ha homenajeado a lo largo de su carrera cinematográfica a Miller y a Moore en *300* (Snyder, 2006) y *Watchmen* (Snyder, 2009).

Así pues, y centrándonos en Batman v. Superman (Snyder, 2016) encontramos dos situaciones en las cuales Snyder homenajea viñeta por viñeta la obra de Miller y por otra parte utiliza la obra de Miller para desarrollar el enfrentamiento entre El Hombre de Acero y El Caballero Oscuro. Durante la introducción de la película de Snyder se desarrolla la muerte de los Wayne guiada a través de un tema musical como hilo conductor y utilizando el recurso de la cámara lenta. Cada uno de los planos y los encuadres de la película son traslaciones fidedignas de la obra de Miller. El encuadre, la disposición de las miradas y los personajes, el arte y la escenografía convergen en esta característica mutación del papel en fotograma (figuras 10 y 11).

Lo que llama la atención y atrae de la planificación visual del trabajo de Miller apoyado en el arte en la tinta de Klaus Janson y el color de Lynn Varley es la posición de la mirada y la búsqueda del detalle. Es capaz de pasar de planos generales con maravillosos decorados a planos muy cortos dónde observamos hasta el mínimo detalle que potencia la historia. En el asesinato de Martha Wayne (figura 11) casi podemos sentir el acero de la pistola sobre el cuello o la tensión del collar. También podemos disfrutar de la felicidad de la familia Wayne antes del fatal encuentro. Nos identificamos gracias al detalle, a las miradas, a la dirección de unos actores que realmente son caricaturas y dibujos, pero trasladan emociones y sensaciones extraordinariamente reales.

Figura 10. (Arriba) Dos fotogramas de Batman v. Superman (Snyder, 2016) (Abajo) Dos viñetas de The Dark Knight Returns. DC Comics 1986

Figura 11. (Arriba) Dos fotogramas de Batman v. Superman (Snyder, 2016) (Abajo) Dos viñetas de The Dark Knight Returns. DC Comics 1986

Estas escenas son una representación exacta del trabajo de Frank Miller en The Dark Knight Returns (1986). Las referencias a la familia Wayne, el cartel de El Zorro a la salida del cine, el casquillo de bala que salta del arma del atracador, el collar de perlas característico de Martha Wayne. Estas referencias refuerzan la fidelidad del cine con el cómic y además empatizan con el espectador y fan de la saga que reconoce estas representaciones icónicas reproducidas treinta años después. Sin embargo, para la épica batalla entre Batman y Superman no traslada directamente las viñetas como hizo previamente con el inicio de la película tal y como hemos comentado, sino que en este caso se inspira en la historia y la desarrolla. Es decir, la utiliza de base para la construcción del conflicto. Ciertas escenas son reproducidas con una potente similitud como la escena de Superman en el espacio exterior herido gravemente tras la explosión de una cabeza nuclear (figura 12) o la potente armadura que Batman viste para poder enfrentarse al Hombre de Acero (figura 13).

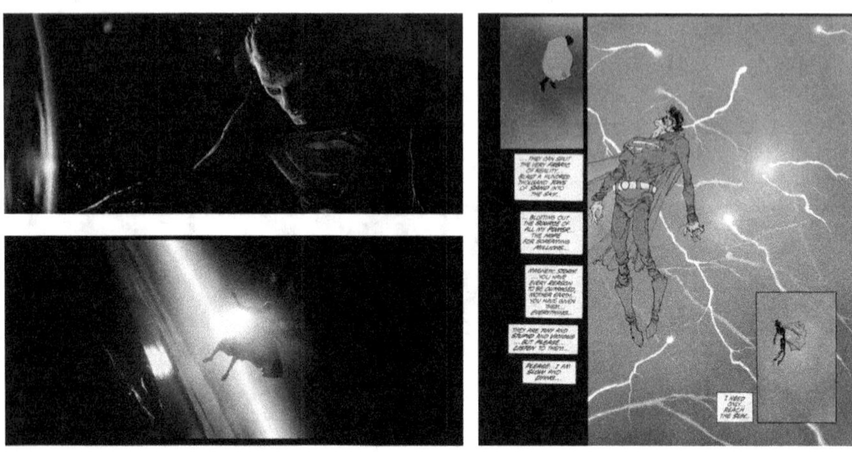

Figura 12
(Izq.) Fotogramas de Batman v. Superman (Snyder, 2016)
(Der.) Viñeta de The Dark Knight Returns. DC Comics 1986.

Por otra parte, el final de esta historia es distinto al de la historia de Miller pese a estructurarse y apoyarse en una misma idea: la muerte del héroe. En esta, Batman es quien presuntamente fallece a ojos y oídos de la población, a la espera de que Carrie Kelly (Robin) le desenterrase de su ataúd, tras simular su muerte. En Batman v. Superman es este último quien muere a manos de Doomsday tras un ataque suicida para conseguir derrotarle. La última escena de la película es similar a la de The Dark Knight Returns, con la salvedad de ser Superman el fallecido.

4. Conclusiones

Concluyendo este capítulo, podemos afirmar que el héroe está sujeto a los cambios producidos en el entorno social e histórico que le envuelve. Este desarrollo social e histórico de Estados Unidos afectó a la evolución del superhéroe. Además, el género de superhéroes iba mutando con el tiempo y adaptándose en paralelo a esta evolución. Batman no estuvo exento de cambios y su personalidad se amoldó a las demandas de una sociedad americana convulsa y volátil. Pasó de ser un vigilante nocturno, a un conservador héroe nacional hasta convertirse en un detective kitsch en los años 60.

Asimismo, el diseño gráfico que acompaña al héroe se va reconvirtiendo según el periodo, influenciado por el arte que coexistía en esa época para diseñar a estos personajes, desde el color, la vestimenta hasta el tono narrativo de la historia, pasando de periodos en los que predominaba el cartoon, a tener una clara influencia del pop art y Roy Lichtenstein hasta un periodo oscuro de realismo e influencia noir en los años 80 o incluso arte figurativo y abstracto.

Frank Miller fue uno de los precursores de la época más íntima y visceral de los superhéroes. Creó un Bruce Wayne más viejo en *Batman: The Dark Knight Returns*, con heridas abiertas de su pasado y retirado de la vida de justiciero, que, como se ve en la propia historia, retomará una vez más. Introdujo un punto de vista más adulto, con una profundidad psicológica muy interesante, introduciendo debates sociales, éticos y morales. De esta forma, el éxito del superhéroe de finales de siglo radica en un acercamiento mayor a lo humano frente a lo divino y al cual acompañamos por un sendero más oscuro en el cual se nos plantean serios conflictos éticos y morales. Y este es el perfil actual del superhéroe (o postsuperhéroe): más terrenal, menos dominante y divino y con problemas y conflictos personales más cercanos a la realidad, con dilemas éticos y morales en los cuales el propio lector se ve reflejado. El postsuperhéroe es la representación del yo más cotidiano. La redefinición del héroe por parte de Frank Miller favoreció y recrudeció la historia de Batman dotándole de un trasfondo moral y ético mayor que en sus historias precedentes.

Los homenajes cinematográficos no son más que claras referencias de honra al trabajo de Miller. El hecho que las viñetas creadas por Miller y su equipo se trasladen directamente a la pantalla sin modificaciones demuestra que son construcciones visuales muy potentes y cinematográficas ya en el papel. Tanto el encuadre como la dirección de la mirada es prácticamente la misma cuando visualizamos las viñetas anteriormente mostradas y los films mencionados. Así pues, como cierre podemos afirmar que Miller fue un influyente creador de novelas gráficas con gran calado en una generación de directores cinematográficos importante cuyo arte ha saltado del papel y la imagen estática a la imagen en movimiento de las películas de Christopher Nolan y Zack Snyder, entre otros. Finalizando este análisis sobre el trabajo de Miller en la construcción de Batman y su evolución, es ciertamente interesante observar cómo Miller rescata al superhéroe clásico el cual en sus inicios luchaba contra el sistema establecido, tanto gubernamental como policial y era un referente social que estabilizaba una balanza entre el bien y el mal.

Referencias bibliográficas

Bal, M. (1985) Narratology: Introduction to the Theory of Narrative, University of Toronto Press; Edición: 3rd

Braun, D. (2013) The Aesthetic Intensity of Superheroes An autoethnographic interpretation of contemporary superhero popularity. Carleton University

Canet, F. (2003). Narración cinematográfica. Valencia: Universitat Politècnica de València, Serv. de publicaciones.

Carrión, J. (2011). *Teleshakespeare*. Madrid: Errata Naturae.

Carroll, N. (1996). Theorizing the Moving Image. Cambridge: Cambridge University Press.

Casetti, F. y Di Chio, F. (1991). *Cómo analizar un film*. Barcelona: Paidós.

Coogan, P. (2006). Superhero: The Secret Origin of a Genre. Austin, MonkeyBrain Books.

Daniels, L. (1999) Batman: The Complete History. Chronicle Books

Herraiz B. y Montañana, J. (2017) A new graphic for a new identity: The representation of the superhero at the opening credits. En *Aesthetics of Television Serials*. Universidad Politécnica de Valencia, Gandía.

Johnson, J.K. (2014) Superheroes in Crisis. Adjusting to social change in the 1960's and 1970's. Rit Press

Lee, S. (1975) Son of Origins of Marvel Comics, Simon & Schuster's, Nueva York

Moran, M. A (2015) La evolución del supervillano en el "comic book" norteamericanode Superman a Watchmen, Universidad de León: Departamento de Filología Hispánica y Clásica

Morris, T., Morris, M., Belza, C. and García, G. (2010) Los superhéroes y la filosofía. 1st ed. Barcelona: Blackie Books

Neale, S. (1980) Genre. BFI Publishing

Pérez García, J. C. (2015) El diseño gráfico en Batman: The Dark Knight Returns, de Frank Miller. I+Diseño Revista científico-académica internacional de Innovación, Investigación y Desarrollo en Diseño, Vol. 10, Abril.

Plantinga C. (2010) "I Followed the Rules and They All Loved You More": Moral Judgement and Attitudes toward Fictional Characters in Film, MidwestStudies in Philosophy, 34 (1), 34-51

Scaliter, J. and Cuadrado, M. (2013) En la mente de los superhéroes. Ma Non Tropo

Scolari, C. (2016). Narrativas transmedia. Barcelona: Deusto

Skoble, Aeon (2010) Revisionismo de superhéroes en Watchmen y The Dark Knight Returns en *Morris, T., Morris, M., Belza, C. and García, G. Los superhéroes y la filosofía.* (p. 62) 1st ed. Barcelona: Blackie Books.

Smith, M. (1999) Gangsters, Cannibals, Aesthetes, or Apparently PErverse Allegiances. En : Plantinga C. y Smith, G. M. (eds.) *Passionate Views. Film, Cognition, and Emotion.* baltimore: The Johns Hopkins University Press, pp, 217-238

Smith, M. (2011) Empathy, Expansionism, and the Extended Mind. En: Coplan, A. y Goldie, P. (eds) *Empathy: Philosophical and Psychological Perspectives.* Oxford: Oxford University Press.

Vaage, M. (2017). The antihero in American television. New York: Routledge.

Capítulo VIII

EL MOVIMIENTO ANTITAURINO EN EL INFOENTRETENIMIENTO TELEVISIVO ESPAÑOL

Dra. María Romero Calmache
Dr. Héctor Oliva Cantín
Dra. Elena Capapé Poves

1. Introducción

Pese a su dilatada historia como estrategia televisiva, en la última década el infoentretenimiento ha experimentado un auge significativo. Esta fusión de géneros, parte de una narrativa que va desde lo teóricamente informativo hasta lo pragmáticamente espectacular; por ello, numerosas marcas televisivas basan parte de su éxito comercial en esta modalidad discursiva. Además, la espectacularización de los hechos narrados admite temas cuyo interés puntual puede no ser suficiente para ser considerados noticia, pero sí resulta relevante para la sociedad.

Por otro lado, el movimiento por la defensa de los derechos de los animales no humanos; en concreto, la corriente que aboga por la abolición de la tauromaquia en España ha generado un conflicto de intereses que han recogido los diferentes medios de comunicación: desde los magacines matinales hasta programas como "Sábado Deluxe", pasando por la sátira y la ironía de "El Intermedio".

El objetivo de este estudio es revisar algunas de las apariciones de este movimiento en el año 2017 con la meta de caracterizar los discursos recurrentes sobre el asunto. Por otro lado, se busca analizar el infoentrenimiento como herramienta estratégica para generar nuevas formas de acercar la televisión a las audiencias y para posicionar a las marcas televisivas frente a los conflictos culturales y sociales.

Para ello, se analizarán algunas de las principales apariciones y/o menciones del movimiento antitaurino en espacios de infoentretenimiento de las principales cadenas privadas de televisión en España: "Espejo público", "La línea roja", "Sábado Deluxe", "El Intermedio" y "Zapeando".

2. Infoentretenimiento televisivo y movimientos sociales

A continuación, se va a realizar una síntesis del estado de la cuestión sobre los tres objetos que se analizarán posteriormente. De lo general a lo particular, se van a desgranar algunos apuntes sobre los movimientos sociales, el infoentretenimiento y el movimiento antitaurino.

2.1. Los movimientos sociales

Los movimientos sociales han tenido en los últimos años un desarrollo muy considerable propiciado, entre otras cuestiones, por el auge de las tecnologías de la información y los nuevos hábitos en la comunicación social. La movilización ciudadana ha logrado una reconfiguración de los sistemas democráticos, provocando una "estatalización de la sociedad (mayor presencia del Estado en la sociedad) y una socialización del Estado (la propia sociedad interviene, cada vez más, en las decisiones estatales)" (Castillo, Smolak y Fernández Souto, 2017: 785). Los lobbies y movimientos sociales que canalizan y representan las demandas y los anhelos comunitarios se han "se han erigido como motor de cambio social" (Alonso y Casero-Ripollés, 2016: 28).

Algunos estudios apuntan que, precisamente, el reconocimiento "se ha iniciado a través de la participación de estos grupos en el proceso de creación, elaboración e implementación normativa" (Castillo y Almansa, 2014, p. 2) pues no solo cuestionan "una distribución desigual del poder o los recursos, sino también los significados socialmente establecidos, es decir, la forma de definir e interpretar la realidad" (Alonso y Casero-Ripollés, 2016: 28). Y es que "las formas de poder renovarán sus modos de mantenerse, pero la sociedad ya no sólo está vigilando, está construyendo desde las plazas (físicas y virtuales) las nuevas respuestas" (Haro y Sampedro, 2015: 170).

En esta línea, los medios de comunicación siempre han mantenido un rol determinante en los procesos de construcción de la opinión pública y se convierten en una herramienta estratégica de comunicación para los movimientos sociales. Castillo apunta que

> Los medios desarrollan en las democracias el papel de un auténtico foro de encuentro de diversas reivindicaciones grupales. Los *mass media* actúan como portavoces que hacen evidentes problemas, ya que hasta que una cuestión no se refleja en el ecosistema comunicativo, propiamente posee nula o escasa existencia social o política (Castillo, 2011: 565).

Mas no solo es una cuestión de visibilidad, sino que, además, los medios "condicionan la atención del público, dando forma a nuestra visión del mundo" (Alonso y Casero-Ripollés, 2016: 30) por medio de la construcción de la agenda mediática y de los *frames* que otorgan a determinados asuntos.

"Una vez incorporado dentro de sus espacios informativos, los medios proceden a construir discursivamente un tema resaltando determinados atributos y minimizando otros. Esta operación da forma al sentido y al significado social de los acontecimientos (Alonso y Casero-Ripollés, 2016: 30).

Por su parte, los medios de comunicación han desarrollado procesos de monitorización de las nuevas demandas sociales para ofrecer una experiencia de consumo más adecuada a las necesidades de las audiencias.

En esta línea asistimos al proceso por el que los medios introducen en sus dinámicas formatos como el infoentretenimiento en el que se introducen temas como los canalizados a través de los movimientos sociales:

> La fusión entre información y entretenimiento, también conocida como infoentretenimiento o *politainment*, es uno de los nexos entre la comunicación y la democracia, ya que aunque afecta a una transformación de los valores clásicos del periodismo [...] Esto produce un cambio de filosofía en el periodismo que, rompiendo con el ideal normativo, pasa a privilegiar aquellas noticias que los ciudadanos 'quieren' por encima de aquellas que 'necesitan' para ejercer su participación democrática (Casero-Ripollés, Ortells-Badenes y Rosique, 2015: 2).

Pero, más allá de las bondades de este formato como aspecto atractivo para las audiencias, cabe preguntarse en qué consiste exactamente y cuáles son las características técnicas y audiovisuales que lo definen.

2.2. El infoentretenimiento y sus características

El término infoentretenimiento es acuñado por Krüger en el año 1988 y hace referencia a la fusión de género informativo y el entretenimiento. Como indica Thomas (1990), se rige por la espectacularización de la información y los contenidos basados en la realidad con el fin de captar y mantener la atención e interés de la audiencia. Este término surge en el entorno competitivo de las cadenas televisivas con el fin de obtener el dominio en la lucha por las audiencias cuando en el *prime time* estaba la predominancia y el éxito era el de formatos de "no ficción".

De este modo, como indica García Avilés (2007), el infoentretenimiento se caracteriza también por su tendencia al sensacionalismo y a la violencia, así como a la incorporación de los denominados "temas ligeros": deportes y temática social. Cabe destacar que estamos, por tanto, ante productos que requieren un coste de producción algo más barato que el entretenimiento de ficción, ya que originan su contenido en la realidad y en hechos preexistentes a la producción audiovisual del programa, siendo una mezcla de géneros (León, 2013).

Así pues, estamos ante productos que combinan instrumentos discursivos, lingüísticos y técnicos tanto del género informativo como del entretenimiento. La línea entre el contenido estrictamente informativo y de entretenimiento se desdibuja. De este modo, el infoentretenimiento presenta una serie de características, que son comunes a los productos audiovisuales de este tipo, que van desde cuestiones formales, estructurales y narrativas a otras más técnicas e incluso estéticas. Por ejemplo, es frecuente que el intermediario/periodista adquiera la función de "coprotagonista" de la información/acción (Vilalta i Casas, 2006) llegando a ser el eje y foco del propio discurso. También es común que el intermediario y su experiencia sean más relevantes que el propio hecho es fruto de que el contenido suele estar narrado en primera persona (experiencia e inmersión), lo que a su vez puede producir que la separación entre información y opinión sea difusa o no determinantemente explícita (Hemley, 2012). Dentro del discurso la presencia del humor, la ironía y la parodia son recursos narrativos que, junto a la hipérbole y la magnificación de los hechos, redundan en la espectacularización del relato (Wenner y Seymour, 2007).

Por otro lado, existen cuestiones formales y técnicas que no solo afectan al contenido sino que redundan en presentar una estética y estructura propia de formatos tradicionalmente considerados informativos, como por ejemplo el uso de conexiones en directo, la utilización recurrente de la técnica de grabación de "cámara al hombro" (tanto para facilitar la experiencia inmersiva del espectador en el relato como para evocar y emular téncias de investigación y apariencia"periodística"), la inclusión de fuentes oficiales (parodiadas) y la incorporación al discurso de la voz de los ciudadanos (Berrocal, 2014). Además, es recurrente el uso de técnicas y herramientas discursivas propias de la ficción, tradicionalmente ausentes en contenidos extrictamente informativos, como el uso del montaje/edición de manera intencional (más allá de la ordenación episódica o estructural del discurso) con fines expresivos, emotivos e ideológicos, el refuerzo y matización discursiva mediante transiciones y efectos de postproducción o la casi constante utilización de la música como un refuerzo y complemento emocional y narrativo que incide en la matización del significado global del discurso (García Avilés, 2007).

Así, los espacios de infoentretenimiento basan su contenido en la realidad, y frecuentemente en la actualidad, ofreciendo al espectador un producto audiovisual con un discurso hiperbólico, realizado con una hibridación de técnicas procedentes de la información y el entretenimiento (ficción) audiovisual, que redunda en la espectacularidad para resultar atractivo a la audiencia y competir en las parrillas de programación con otro tipo de formatos de entretenimiento distintos a la información.

2.3. El movimiento antitaurino

Continuando con el discurso, cabe precisar que esta investigación se centra en un movimiento social concreto: el antitaurino. El interés por la cuestión del bienestar animal es tan antigua como la propia historia de la humanidad (Moyano, Castro y Prieto, 2015) pero, en el caso específico de España no es hasta el siglo XIX cuando se constutuye la primera asociación proteccionista. La "Sociedad Protectora de los Animales y de las Plantas" se constituyó en Cádiz con el objetivo, entre muchos otros, de combatir los espectáculos taurinos (Moyano, Castro y Prieto, 2015).

En la actualidad, el Código Penal español de 1995 incluye, en su artículo 632, una disposición sobre la protección de los animales no humanos que penaliza a "los que maltrataren cruelmente a los animales domésticos o a cualesquiera otros, en espectáculos no autorizados legalmente, serán castigados con la pena de multa de diez a sesenta días". En esta disposición se encuentra el núcleo del conflicto y es que, si bien el maltrato de animales queda perfectamente prohibido, la misma normativa establece la excepción de los espectáculos legalmente autorizados como son todos aquellos que se enmarcan en la tauromaquia (Laimene, 2014).

En los últimos años se ha desarrollado una amplia corriente de debate en la Academia sobre el asunto del bienestar animal (Cf. Vázquez y Valencia, 2016; Zapata, 2015; Almirón y Freeman, 2016). Todas las asociaciones y plataformas que se han multiplicado exponencialmente en los úlrimos tiempos son otro ejemplo de que esta cuestión está empezando a convertirse en un asunto relevante para la opinión pública. En ese sentido, las plataformas y asociaciones abolicionistas han adoptado un relevante papel movilizador de la sociedad haciendo uso de todos los recursos comunicativos y tecnológicos que tienen a su disposición.

En el año 2016 se produce el fallecimiento en la plaza del torero Víctor Barrio. A partir de este momento se suceden múltiples situaciones en las que ambas partes entran en conflicto a través de las redes sociales e, incluso, ocupando tiempo en determinados espacios televisivos. El debate se genera entre aquellos que defienden la tauromaquia como parte fundamental de la cultura española y aquellos que argumentan que, precisamente, el avance de la cultura debería fundamentarse en un mejor trato a los animales. He aquí donde algunos medios encuentran una temática que se ha vuelto recurrente en los formatos que basan su propuesta de valor en el infoentretenimiento.

3. Diseño del estudio: objetivos y método

El objeto formal o fundamentación metodológica de esta investigación se incardina en un *case study* definido por Walker como "un examen de un ejemplo en acción" (1983, p. 42). A partir de la observación, el análisis y la interpretación de los discursos emitidos en diferentes productos televisivos que se basan en el infoentretenimiento, se pretende colegir cuáles son las características de la aparición del movimiento antitaurino en la televisión privada española.

Así, se ha seleccionado una muestra de programas representativos de las diferentes cadenas privadas de televisión en abierto, de los diferntes formatos audiovisuales y se ha asegurado la representación de todas las franjas horarias (matinal, sobremesa y nocturna).

Concretamente, la muestra está compuesta por los siguientes programas: "Espejo Público" de Antena 3, "Zapeando" y "El Intermedio" ambos de La Sexta, "Sábado Deluxe" de Telecinco y "La Línea Roja" de Cuatro.

Las emisiones analizadas comprenden el lapso temporal que va del 13 de febrero de 2017 al 26 de septiembre de ese mismo año. Durante este periodo se produjo un intenso debate social, fundamentemente encauzado a través de las redes sociales, sobre la cuestión antitaurina, con su correspondiente cobertura en los programas televisivos antes mencionados. Con el fallecimiento en julio de 2016 del torero Víctor Barrio comenzó una etapa en la que diferentes actores y entidades sociales utilizaron dicha noticia para cuestionar la tauromaquia como actividad cultural no solo por lo que tiene que ver con la crueldad con los animales no humanos, sino también por el riesgo que supone para los profesionales que se dedican a ella. Las manifestaciones antitaurinas se multiplicaron exponencialmente y con ello, también se amplió la cobertura mediática, adquiriendo notoriedad como cuestión social y cultural. El 17 de junio de 2017 fallece otro torero, Iván Fandiño, y el debate vuelve a las televisiones que no solo abarcan la noticia de manera superficial, sino que hacen del debate una cuestión social de primer orden.

Para analizar e interpretar todas estas apariciones se ha diseñado un código de análisis *ad hoc*, en el que se identifican los atributos característicos del infoentretenimiento en cada una de las piezas estudiadas. En la Tabla 1 se pueden comprobar los diferentes elementos analizados, clasificados en "Aspectos narrativos", "Aspectos de realización visuales y sonoros" y "Aspectos formales y estructurales".

1. Aspectos narrativos	Tratamiento del conflicto, espectacularización del contenido, tratamiento estructural narrativo, énfasis en la confrontación, presentación de "bandos".
	Tono del discurso, uso del humor en la construcción del relato, parodia como forma de representación o hipérbole en la transmisión de la información (sensacionalismo y espectacularización).
	Función del intermediario, posicionamiento con una de las partes, suministra opinión, protagoniza el hecho, se convierte en el eje del contenido (hasta en el propio contenido).
2. Aspectos de realización visuales y sonoros	Cámara al hombro, punto de vista en primera persona, "inmersión en la acción" (técnicas tradicionales de información audiovisual con función de entretenimiento).
	Efectos sonoros extradiegéticos, uso de la música en la construcción intelectual, apoyo emocional, énfasis dramático y refuerzos sonoros no musicales.
	Testimonios, conexiones en directo, voz de la audiencia.
	Utilización del montaje con fines ideológicos (construcción de un discurso narrativo parcial) y estéticos (espectacularización del contenido).
3. Aspectos formales y estructurales	Programa o espacio con apariencia informativa (en alguno de sus aspectos estético-estructurales), emulación de un formato o estilo informativo. Uso de técnicas propias o habituales en la información audiovisual para legitimar el discurso: disposición escénica, utilización de elementos gráficos, realización.

Fuente: elaboración propia.

La aplicación de este código permite lograr los dos objetivos generales de este estudio: por un lado, observar cómo se implementa el infoentretenimiento en el asunto concreto del movimiento antitaurino, y, por otro lado, diagnosticar los elementos más relevantes del tratamiento que se le otorga a la cuestión.

4. Resultados

Antes de exponer los resultados obtenidos de la aplicación del código de análisis a cada una de las piezas que componen la muestra, procede matizar una serie de cuestiones de carácter general sobre los elementos comunes a todos ellos. Tal como se comprueba en la Tabla 2 todos los programas estudiados cuentan, en mayor o menor medida, con todos los elementos característicos del infoentretenimiento, adaptados a los diferentes formatos. Concretamente, los elementos que más se aplican son el uso del humor, la parodia o la hipérbole, la función del intermediario, los efectos sonoros extradiegéticos, el montaje intencional y el programa con apariencia informativa.

Tabla 2. Identidficación de los elementos característicos del infoentretenimiento en la muestra

		Espejo Público	Zapeando	El Intermedio	Sábado Deluxe	La Línea Roja
1. Aspectos narrativos	Tratamiento del conflicto (espectacularización)	X			X	X
	Uso del humor, parodia o hipérbole	X	X	X	X	X
	Función del intermediario (coprotagonista)	X	X	X	X	X
2. Aspectos de realización visuales y sonoros	Cámara al hombro (inmersión en la acción)					X
	Efectos sonoros extradiegéticos	X	X	X	X	X
	Conexiones en directo, testimonios y voz de la audiencia				X	X
	Montaje	X	X	X	X	X
3. Aspectos formales y estructurales	Programa con apariencia informativa	X	X	X	X	X

Fuente: elaboración propia.

De este modo, a continuación, vamos a explicar dichas características aplicadas a cada una de las piezas analizadas que configuran la muestra seleccionada.

4.1. Espejo Público

El programa "Espejo Público" se define como: "Toda la actualidad informativa nacional e internacional de la mano de Susana Griso: entrevistas, mesa de debate, política, sucesos y mucho más". Así pues, estamos ante un magacín de Antena 3, género híbrido surgido en la neotelevisión.

Se ha analizado el programa emitido el 13 de febrero de 2017; en concreto el bloque en el que se presenta un debate entre el torero Francisco Rivera y el antitaurino Óscar del Castillo (Gladiadores por la Paz). En el debate, también participan los contertulios del programa y la moderadora es la propia presentadora: Susanna Griso.

En primer lugar, cabe destacar que "Espejo Público" presenta un set y un sistema de realización informativo. Sin embargo, a pesar de dicha apariencia informativa, encontramos diferentes características más cercanas al entretenimiento, la hipérbole y la espectacularización del contenido.

Sobre todo, hay que resaltar cómo el tratamiento que se hace del contenido está basado en la generación de conflicto. Este conflicto se introduce de forma explícita a través del discurso de la presentadora: "¿Es la primera vez que se ven las caras?"; e incluso, se presenta a Óscar del Castillo del siguiente modo: "Hoy se enfrenta a su torero más difícil, a Francisco Rivera".

Este enfrentamiento también se hace evidente mediante recursos de montaje y de puesta en escena. En relación con el montaje, se utiliza de forma continuada el recurso de pantalla partida para que, cada uno de los implicados en el debate, se encuentren cara a cara, también de forma visual. Y lo mismo sucede mediante la ubicación del set, con las mesas enfrentadas que generan la idea de la existencia de dos bandos bien diferenciados.

Por otro lado, el enfrentamiento no es único de los dos invitados al debate sino también, de los propios periodistas. De este modo, en un momento dos de los colaboradores llegan a discutir al dar su opinión sobre cómo el movimiento antitaurino se cubre en los medios de comunicación. Por tanto, parece evidente la mezcla de información y opinión, así como la función activa y protagonista de los intermediarios.

Por último, durante el bloque, se hacen uso de otros elementos característicos del infoentretenimiento como la inclusión de efectos sonoros extradiegéticos. En concreto, para dar paso al representante antitaurino al mismo tiempo que se dice: "Les tengo que confesar que hay cierta tensión". También se hace uso de videos caseros y capturas de las redes sociales de uno de los invitados.

4.2. Zapeando

"Buen rollo por la tarde. Frank Blanco, Cristina Pedroche, Anna Simón, Ana Morgade, Miki Nadal o Quique Peinado dan color a las tardes de la Sexta en Zapeando con su peculiar repaso a lo mejor de la televisión", así define La Sexta el programa "Zapeando". Estamos, por tanto, ante un contenido humorístico que repasa la actualidad televisiva.

En este caso, vamos a analizar el programa del 11 de abril de 2017. En concreto una pieza de duración de 1 minuto y 19 segundos. En la misma, se utilizan imágenes de "Espejo Público" en las que el torero Francisco Rivera, tras acudir a un pregón en Elda y encontrarse con el boicot de antitaurinos, declara en el programa: "¿Para ser antitaurino hay que dejar de ducharse?". Tras ver dicha pieza, el programa de "Zapeando" responde a través de su colaboradora Ana Simón.

Nos encontramos con un programa con apariencia informativa, pero con un contenido basado en el entretenimiento (emula la estructura y estética de espacios de información/opinión de tertulia y comentario de actualidad). Su característica principal reside en el uso de humor y la parodia como motor discursivo y eje narrativo. De este modo, se utilizan dichos recursos para que la colaboradora, Anna Simón, rebata, desde una postura opuesta, las declaraciones del torero. Así, indica, mientras huele sus axilas: "Yo soy antitaurina también, pero esta mañana me he duchado". De este modo, se consigue parodiar a la fuente oficial: Francisco Rivera.

Además de la coprotagonización de la información por parte de los colaboradores y su visión humorística, encontramos otros recursos propios del infoentretenimiento. En primer lugar, el montaje, con el fin de introducir la pieza de "Espejo Público", pero con cortes que permiten dotar de ritmo la pieza, pero también centrarla en torno a los segundos concretos de la declaración de Rivera. Al mismo tiempo, el humor discursivo es acompañado por recursos sonoros extradiegéticos y música clásica como contrapunto y refuerzo del chiste introducido. Por último, cabe destacar que el bloque redunda también en la idea de conflicto. Se introducen las declaraciones del torero para que una colaboradora, de visión opuesta, refute su versión de los hechos desde el plató.

4.3. El Intermedio

El programa se realiza a diario "un repaso a la actualidad política e informativa [...] con su habitual sello de acidez y humor irónico". Por tanto, según la propia cadena, el programa es una mezcla de comentario de actualidad (opinión) con entretenimiento (humor). Ya lo deja claro su propio lema, antes de comenzar los programas, el presentador, Wyoming, siempre da pie a la cabecera con la siguiente frase: "Ya conocen las noticias, ahora, les contaremos la verdad".

Es frecuente que "El Intermedio" utilice, en su discurso humorístico, una estructura que tiene varias secciones propias y que, en cierta medida, imitan estructural y estéticamente a otros espacios como noticiarios o tertulias de opinión. Por tanto, el programa "El Intermedio" presenta una apariencia informativa: la escenografía sería muy próxima a la de un set de informativos, la disposición de los presentadores en la mesa, la realización y secciones e incluso el lenguaje empleado intenta ser cercano al periodístico-informativo audiovisual (el contrapunto a las aportaciones exclusivamente cómicas del presentador siempre lo ofrece la periodista Sandra Sabatés, que siguiendo un discurso periodístico introduce los temas de manera "seria" para luego producir los comentarios irónicos y humorísticos).

A su vez el uso frecuente de foto y vídeomontajes y emulaciones de otros espacios y programas (parodias) es recurrente. A este respecto, en el programa del 12 de junio de 2017 se produjo una sección especial titulada: "Entendido cero" (juego de palabras irónico que, a modo de parodia, hace referencia al longevo programa de temática taurina de Televisión Española "Tendido Cero"). Dicha sección surge a partir de las polémicas declaraciones de Enrique Ponce al periódico *El Español* en junio de 2017 que fueron tildadas de machistas. A propósito del tema, este espacio hace una recopilación de declaraciones polémicas y diferentes apariciones en los medios de varios toreros.

En este caso, se han analizado cuatro piezas audiovisuales diferenciadas dentro de la sección:

- Wyoming habla de las declaraciones de Enrique Ponce a "El Español". Pieza de dos minutos de duración.

- Declaraciones de Enrique Ponce en 2007. Pieza de 1 minuto y 47 segundos.

- Declaraciones de Alejandro Talavante. Pieza de 1 minuto y 35 segundos.

- Declaraciones de Jaime Ostos. Pieza de 1 minuto y 10 segundos.

Pese a que, como se ha comentado anteriormente, existen elementos y estética informativa en el programa, la predominancia de la hipérbole en el discurso, la parodia y el humor de forma constante no dan pie al equívoco y determinan que el programa elude, en contenido y forma, el ser un espacio estrictamente informativo. Así, en dichas piezas, las características narrativas y audiovisuales que resultan más evidentes y vinculadas al entretenimiento serían:

- Discursos eminentemente humorísticos (mediante el fotomontaje del periodista Iñaki Gabilondo vestido de traje de luces).

- El uso de la música con función emocional y simbólica, como refuerzo narrativo y expresivo.

- El periodista tiene función de "coprotagonista", sumando a la información una interpretación orientada a una postura. Se vierte una opinión y se muestra una postura clara respecto al hecho, eso sí, no de forma directa, sino que se utiliza constantemente la ironía y el doble sentido.

- Se presentan fuentes oficiales parodiadas (Enrique Ponce, Alejandro Talavante, Jaime Ostos), se analizan sus declaraciones desde un punto de vista crítico (no se descontextualizan, pero se aíslan del resto del discurso original), las fuentes se convierten en foco de las bromas y los chistes.

- El montaje se realiza de forma intencional, genera la estructura del discurso y también "dirige" la interpretación ideológica de la pieza.

- El uso de transiciones y efectos de posproducción en la representación de las declaraciones de las fuentes oficiales es recurrente para dotar de mayor "agilidad" al discurso fragmentando y para enfatizar en las ideas mostradas.

4.4. Sábado Deluxe

El programa analizado corresponde al emitido el 25 de junio de 2017. Para el análisis, únicamente se tomará en consideración parte de su duración (03:00:13 – 03:58:45) ya que el resto de los contenidos del programa no están directamente relacionados con el objeto de estudio. La estructura de esta sección tiene, a su vez, varias partes diferenciadas.

No obstante, se podría destacar que, al comienzo del programa, se lanza una pieza audiovisual que resume todo el contenido a modo de sumario y "cebo". En el vídeo se muestran imágenes y sonidos relacionados con el tema antitaurino. Aunque se mezcla con otros contenidos del programa ya se muestra el tema principal que más tarde dará lugar al debate, explicando la situación, adoptando una apariencia informativa (a modo de sumario, mostrando testimonios, utilizando un *off* como principal elemento estructural y de contenido, con textos de apoyo al discurso audiovisual, etc.) pero también utilizando una serie de elementos alejados del concepto tradicional de información audiovisual y más proximos a otros géneros y formatos como la inclusión de una música trepidante, el predominio de imágenes visualmente espectaculares, la selección de declaraciones impactantes/polémicas (descontextualizadas) y un montaje que redunda en conseguir un ritmo elevado y un atractivo visual que incide en la espectacularización del discurso audiovisual.

En el espacio analizado propiamente dicho, se pueden distinguir, a su vez, varias partes. Primero, se vuelve a emitir una pieza audiovisual para contextualizar el caso (la agresión verbal que sufrió en un restaurante el torero Canales Rivera por parte de unos individuos que califica como antitaurinos). De nuevo, el aspecto del vídeo emula, en cierta media, a una pieza informativa empleando los medios formales (de igual modo magnificados y espectacularizados por el montaje y la música que en el caso anterior). Se aumenta, por tanto, la "violencia audiovisual" para reforzar la situación de conflicto de dos corrientes opuestas con un mero objeto de conseguir elevar la espectacularidad del contenido.

Posteriormente, se le realiza una entrevista al torero que protagonizó dichos hechos, en la que se hace un especial énfasis en la confrontación (se trata más el hecho de la agresión verbal que los motivos ideológicos) y se presenta un conflicto de una forma polarizada (ya que no hay representación de la otra parte). Además, a lo largo de toda la entrevista, se produce una intervención (opinativa) constante tanto de los colaboradores como del presentador (en este caso las opiniones sí que representan polos opuestos y fomentan el mantenimiento del conflicto mediante posturas enfrentadas pese a que una de las partes no esté representada).

Para dar paso a la siguiente parte del programa, vuelve a emitirse un vídeo a modo de contexto, en el el que el tema que trata es cómo diferentes perfiles en redes sociales emitieron duras opiniones sobre la muerte del torero Iván Fadiño. De igual modo que ocurriese en las piezas anteriores, el montaje y el tono emocional del discurso se ve condicionado por el uso de la música que acompaña a imágenes, sonidos y textos: trepidante, más asociable a una escena de acción o misterio en ficción que a un componente informativo.

De hecho, el uso de la música será algo especialmente llamativo durante el resto del programa ya que este recurso estará presente, de fondo, pero totalmente audible, durante el transcurso del debate en directo. Resulta curioso que este elemento, que influye en la lectura del plano emocional en el ámbito audiovisual, se emplee para enriquecer o completar un discurso de confrontación como puede ser el enfrentamiento de posturas ideológicas completamente opuestas.

Una vez cerrada esta parte, el presentador se traslada de set y se da paso a un debate más extenso en el que participan colaboradores del programa, periodistas, toreros y animalistas y que gira en torno al conflicto taurino-antitaurino. El inicio es conciliador y todas las posturas coinciden en remarcar que no es admisible alegrarse por la muerte de ningún ser humano (independientemente de su postura ideológica). No obstante, más allá de esta cuestión, en todo momento se plantea el hecho y el debate desde la confrontación. La colisión de las posturas enfrentadas se constituye como el eje del discurso. Pese a que el presentador modera y da turno de palabra, el orden tarda poco en dejar de respetarse y el debate se convierte en una confrontación verbal directa y poco ordenada más que en un intercambio de ideas. Incluso el propio conductor del programa llega a tomar partido y a intervenir (de nuevo de forma totalmente opinativa mostrando su postura personal respecto al tema).

Todo esto se ve acrecentado en el momento en el que se realiza una conexión en directo con una persona responsable de los comentarios en redes sociales sobre la muerte del torero. En este caso la confrontación es directa. Audiovisualmente llega a verse reforzada por pantallas partidas y planoscontraplanos para manifestar visualmente la división de opiniones (haciendo énfasis en reacciónes, contrarréplicas, gestos). El debate termina "muriendo" sin llegar a ninguna conclusión (pone de manifiesto que lo importante en el discurso era el hecho y no el contenido).

En esta parte del programa no se aprecia una estructura clara, no hay un discurso coherente y cohesionador, no se cierran las "secciones", simplemente se producen comentarios y debate de forma episódica y los cambios de tema/escenario están condicionados únicamente por la escaleta del programa y las pausas publicitarias. No hay conclusiones ni ningún tipo de mensaje de cierre, se pasa de un espacio a otro.

En línea con lo anterior, no se aprecia una intención didáctica o informativa, el programa únicamente incide en los puntos de fricción y en la discrepancia de las posturas (extremas e irreconciliables) más que en explicar una situación o formar una opinión mediante datos e información. No hay preguntas y respuestas, apenas hay reflexión (ni tiempo para ello) relegando al debate a una mera discusión anecdótica. En ningún momento hay conciliación ni acercamiento de posturas (nunca se busca esclarecer los hechos, aportar soluciones, o responder interrogantes). No hay conclusiones, no hay un cierre o corolario, todo se limita al enfrentamiento de posturas subjetivas, personales y de clara opinión, todos los invitados se expresan a título personal, nadie representa una postura oficial de ninguna organización (pese a que alguno de ellos sí que esté acreditado como perteneniente a algún tipo de entidad).

Por lo tanto, con el fin de conseguir un discurso hiperbólico y espectacularizdo híbrido entre información (más por el uso y emulación que por objetivo del programa) y entretenimiento/ficción, en el espacio analizado pueden distinguirse una serie de elementos técnicos, narrativos, estructurales y estéticos que lo pueden definir como infoentretenimiento:

- Piezas que emulan estética y estructuralmente espacios informativos: un sumario, inclusión de *off*, testimonios, rótulos y textos identificativos.

- Imágenes de recurso de los hechos y archivo: ilustran y dotan de contenido audiovisual a los vídeos.

- Piezas que introducen y explican el caso mediante montaje. La recostrucción de elementos formales informativos: testimonio gráfico (foto) y textual/sonoro (parafraseo en texto de pantalla del sonido telefónico) de una declaración que cuenta los hechos desde el punto de vista de una de las partes (Canales Rivera).

- Testimonios de los protagonistas/expertos: toreros, periodistas, afectados, activistas, simpatizantes...

- *Off*: locución que estructura y presenta los hechos (agresión al torero y tema general de las posturas enfrentadas entre anti-taurinos y taurinos). Pese a que informa, utiliza lenguaje parcial, hiperbólico y adjetivado: "Oleada antitaurina" o "Contrarrestar a estos radicales".

- Uso constante de la música para construir y definir un tono emocional, tanto en piezas audiovisuales como durante el debate.

- Intervención recurrente del presentador. Guía el programa pero interviene, muestra su opinión y toma partido. Incluso al final protagoniza el debate (*show*).

- Conexiones en directo con protagonistas. Uso de pantalla partida para mostrar reacciones en plató (mostrar desacuerdo). Generación de conflicto incluso de forma visual.

- Uso del hastag #torerofobia, con las implicaciones ideológico-semánticas puede conllevar.

- Uso continuo del conflicto como motor del debate.

- Uso de rótulos durante el transcurso de la entrevista que anticipa el contenido del programa: una entrevista en directo con un *tuitero* que se alegró de la muerte del torero.

4.5. La Línea Roja

"¿Te atreves a cruzar la Línea Roja?". El programa de Cuatro busca, desde el género reportaje, profundizar en diferentes ideologías y formas de vida desde puntos de vista antagonistas. En este caso, vamos a analizar el programa del 26 de septiembre de 2017, dedicado de forma íntegra a la tauromaquia, en el cual se enfrentan diferentes representantes de ambos lados del debate.

La parte informativa reside, especialmente, en la profundización de un tema, acudiendo a diversos puntos de vista, contrastando y aludiendo a diferentes fuentes, datos y localizaciones. Al mismo tiempo, el propio formato, a través de visiones opuestas, potencia la espectacularización del contenido generando conflicto. Lo encontramos desde la propia presentación del programa: "Esta línea roja separa dos formas de pensar totalmente opuestas (...). Durante unos días van a vivir en terreno contrario con gente que piensa y actúa completamente diferente a ellos". Así, se busca profundizar en el conflicto juntando visiones antagonistas e introduciendo a los protagonistas en el ámbito contrario a su ideología.

Por otro lado, el periodista y reportero es Jesús Cintora, el cual coprotagoniza la información. Hablaríamos de un intermediario declarado que habla en primera persona, aparece en cámara de forma continuada y genera interacciones con el entorno. El reportaje también hace uso de la técnica de cámara al hombro, siendo ésta más evidente en las situaciones de indiscutible tensión. Se llega incluso a colocar una cámara deportiva sobre una estructura usada en el festejo taurino. A todo ello, se unen los golpes sonoros y la música extradiegética; se usan ambos recursos con el fin de reforzar las reacciones de los entrevistados y las situaciones de conflicto; de este modo, se usa el montaje con finalidad ideológica.

5. Conclusiones

Tras exponer los resultados del estudio de caso procedemos a presentar las principales conclusiones extraídas de la investigación desarrollada. En primer lugar, procede concretar que ha quedado demostrado que, en las piezas analizadas, el conflicto entre taurinos y antitaurinos se ha convertido en un asunto de interés público. La cobertura de las noticias vinculadas con este dilema es amplia y ocupa un espacio considerable en productos televisivos cuya aceptación por parte de las audiencias es más que notable. De hecho, en el caso de "La línea roja" es precisamente este tema el que abre la primera temporada de reportajes.

En segundo lugar, podemos afirmar que las audiencias no siempre pueden ser conscientes de la separación entre ficción y entretenimiento porque los medios se preocupan de que esto suceda. Muchos programas de entretenimiento, por su apariencia formal, adquieren y utilizan características propias de la información cuando en realidad están vertiendo opinión (no siempre plural). Tal como ha quedado demostrado en la Tabla 2, todos los productos analizados tienen una apariencia informativa, pero, de una u otra manera, emplean recursos narrativos, de realización, visuales y sonoros que impiden la disociación entre información y entretenimiento. Más bien, se utilizan estructuras propias de la información para legitimar debates, análisis e, incluso, reportajes cuyo fin es claramente el entretenimiento.

En tercer lugar, podemos colegir que los programas analizados son ejemplos válidos de cómo el entretenimiento y el *infotainment* (en esta ocasión un espacio de entretenimiento utiliza técnicas y aspecto de información, aunque de forma rudimentaria y en otras se "apropia" de apariencia y herramientas informativas desarrolladas en un contexto de entretenimiento) obvia el contenido, basado en la realidad, para producir un discurso poco profundo, que no analiza causas ni consecuencias. Este discurso se centra en la presentación, haciendo hincapié en los hechos más llamativos de manera sensacionalista y con una presentación formal que redunda en la utilización de técnicas informativas para ganar legitimidad pero que no duda en emplear herramientas narrativas propias de la ficción para aumentar la espectacularidad y el atractivo del producto audiovisual (no en vano son contenidos y espacios de entretenimiento), produciendo todo ello una frivolización en el tratamiento del tema, pudiendo llegar a transmitir valoraciones y opiniones como datos fidedignos (al producirse una simbiosis discursiva entre la estética y la técnica informativa y el discurso y objetivo del programa, entretenimiento).

En último lugar, podemos afirmar que las posturas enfrentadas o cualquier tipo de confrontación con amplia representación en sectores poblacionales suelen ser contenidos idóneos para este tipo de programación ya que es fácil aplicar arquetipos narrativos (buenos, malos), identificar a la audiencia con una de las posturas, mostrar argumentos estereotipados y generalistas, realizar visiones sesgadas e hiperbólicas de un hecho que produzcan situaciones y posturas extremas, etc. Todo ello con una presentación formal en la que la confrontación pueda ser escenificada audiovisualmente, siendo este el punto de mayor importancia más que el contenido o el discurso.

Por lo tanto, ¿este es un medio o cauce adecuado para articular las demandas y posturas legítimas de los movimientos sociales?, ¿se pierde el mensaje en la forma?, ¿realmente llega el mensaje?, ¿se corre el riesgo de radicalizar?, ¿es signo de la importancia de ciertos temas y movimientos sociales el que sean frivolizados y tratados en este tipo de foros únicamente orientados al entretenimiento? Quedan todos estos interrogantes para futuras investigaciones.

Referencias bibliográficas

Almirón, N. y Freeman, C.P. (Eds.). (2016). Critical Animal and Media Studies. New York: Routledge.

Alonso, L. y Casero-Ripollés, A. (2016). La influencia del discurso sobre cambio social en la agende de los medios. El caso de la Plataforma de Afectados por la Hipoteca. OBETS. Revista de Ciencias Sociales, 1 (11), 25-51.

Berrocal, S., Redondo García M., Martín Jiménez V. (2014). La presencia del infoentretenimiento en los canales generalistas de la TDT española. Revista Latina de Comunicación Social, 69, 85-103.

Casero-Ripollés, A.; Ortells-Badenes, S. y Rosique, G. (2015). Consecuencias democráticas de la disolución de las fronteras entre información, entretenimiento y privacidad en la era digital. Telos. Cuadernos de Comunicación e innovación, 1-10.

Castillo, A. (2011). Medios de comunicación y Think Tanks. Ponencia presentada en La ética de la comunicación a comienzo del siglo XXI: I Congreso Internacional de Ética de la Comunicación, libro de actas. Facultad de Comunicación de la Universidad de Sevilla, 29, 30 y 31 de marzo de 2011. Juan Carlos Suárez Villegas (ed.) (pp. 561-570). Sevilla: Universidad de Sevilla.

Castillo, A. y Almansa, A. (2014). Relaciones públicas y lobby. Análisis de su presencia en la Unión Europea. Ponencia presentada en el XII Congreso Latinoamericano de Investigadores de la Comunicación, 6,7 y 8 de agosto de 2014, Lima, Perú.

Castillo, A.; Smolak, E. y Férnandez Souto, A. B. (2017). Lobby y comunicación en España. Análisis de su presencia en los diarios de referencia. Revista Latina de Comunicación Social, 72, 783-802.

Ley Orgánica 10/1995, de 23 de noviembre, del Código Penal, 1995.

León, B. (2013). Factual entertainment: coordenadas de un macrogénero en alza. En B. León (coord.), Entretenimiento televisivo basado en hechos reales (pp. 15-24). Salamanca: Comunicación Social.

García Avilés, J.A. (2007). El infoentretenimiento en los informativos líderes de audiencia en la Unión Europea. Anàlisi. 35, 47-63.

Haro, C. y Sampedro, V.F. (2015). Activismo político en Red: del movimiento por la vivienda digna al 15M. Teknokultura. Revista de Cultura Digital y Movimientos Sociales, 8 (2), 167-185.

Hemley, R. (2012). A field guide for inmersion writing: memoir, journalism and travel. Athens, Georgia: University of Georgia Press.

Krüger, U.M. (1988). Infos- Infotainment- Entertainment. Media Perspektiven. 10, 637-664.

Moyano, E.; Castro, F. y Prieto, J. (2015). Bases sociales y políticas del bienestar animal en la Unión Europea, Ambienta, 3, 68-93.

Thomas, B. (1990). Finding Truth in the Age of Infotainment. Washington D.C.: Editorial Research Reports.

Vázquez, R. y Valencia, A. (2016). La creciente importancia de los debates antiespecistas en la teoría política contemporánea: del bienestarismo al abolicionismo. Revista Española de Ciencia Política, 42, 149-166.

Vilalta i Casas, J. (2006). El espíritu del reportaje. Barcelona: Universidad de Barcelona.

Wenner, J. y Seymour, C. (2007). Gonzo: the life of Hunter S. Thompson, London: Hachette Livre UK.

Zapata, D.C. (2015). Entre aficionados y anti-taurinos apuntes para una discusión sobre la tauromaquia sin esencialismos. Mediaciones, 15, 30-44.

Programas de television

Blanco, F. (presentador). (11 de abril de 2017). Zapeando [programa de TV]. J.A. García Ropero (productor ejecutivo). Zapeando. España: La Sexta.

Cintora, J. (presentador). (26 de septiembre de 2017). La línea roja [programa de TV]. Cuarzo Producciones y Mediaset España (productores ejecutivos). La línea roja. España: Cuatro.

El Gran Wyoming (presentador). (12 de junio de 2017). El Intermedio [programa de TV]. Atremedia Televisión y Globomedia (productores ejecutivos). El Intermedio. España: La Sexta.

Griso, S. (presentadora). (13 de febrero de 2017). Espejo público [programa de TV]. Atresmedia Televisión y Atresmedia Noticias (productor ejecutivo). Espejo público. España: Antena 3.

Vázquez, J.J. (presentador). (25 de junio de 2017). Sábado Deluxe [programa de TV]. Mediaset España (productor ejecutivo). Sábado Deluxe. España: Telecinco.

*Este libro se terminó de elaborar en diciembre de 2018
en la ciudad de Sevilla, bajo los cuidados de
Francisco Anaya, director de Ediciones Egregius.*